休闲体育与健康研究

周潇　罗康荣　王鹏　著

河北大学出版社
·保定·

出 版 人：刘相美
责任编辑：张 磊
装帧设计：赵 谦
责任校对：耿兆飞
责任印制：常 凯

图书在版编目（CIP）数据

休闲体育与健康研究 / 周潇，罗康荣，王鹏著． -- 保定 ：河北大学出版社，2024．12． -- ISBN 978-7-5666-2534-2

Ⅰ．G811.4；R161

中国国家版本馆 CIP 数据核字第 2025DW1211 号

休闲体育与健康研究
XIUXIAN TIYU YU JIANKANG YANJIU

出版发行：河北大学出版社
地址：河北省保定市七一东路2666号 邮编：071000
电话：0312-5073003 0312-5073029
网址：www.hbdxcbs.com
邮箱：hbdxcbs818@163.com
印 刷：涿州市般润文化传播有限公司
幅面尺寸：170 mm × 240 mm
字 数：180千字
印 张：10.5
版 次：2024年12月第1版
印 次：2024年12月第1次印刷
书 号：ISBN 978-7-5666-2534-2
定 价：59.80元

前　言

随着人们生活水平的提高和生活方式的多样化，越来越多的人开始关注体育运动对健康的益处，以及休闲体育活动在日常生活中的作用。定期参与体育锻炼可以增强身体素质、提高心肺功能、增强免疫力、预防和控制许多慢性疾病的发生，如心血管疾病、糖尿病和肥胖等。此外，体育锻炼还有助于改善体态、塑造健康体型、提高身体的灵活性和协调性，从而提高个体的生活质量。

体育运动可以释放压力，缓解焦虑和抑郁情绪，增强自信心和积极情绪，提高人们的心理素质和抗挫折能力。通过参与团队体育活动，人们还可以建立良好的社交关系，增加社交支持，减少孤独感，提升生活幸福感。体育活动是社会凝聚力的重要体现，它可以促进社会和谐，增强团队合作意识，培养团队精神和社会责任感。通过开展体育赛事和活动，可以提升国家形象，促进国际交流，为社会经济发展注入活力。

本书深入探讨了休闲体育在促进个体健康与社会健康方面的重要作用。着眼于休闲体育的概念、特点及其与各方面健康的关系，本书共分为五章，每章均围绕一个关键主题展开。第一章从休闲体育的概念与特点入手，探讨了其概念的界定及分类特点，然后总述了休闲体育与健康的关系，帮助读者了解了休闲体育的概况。第二章聚焦休闲体育与心理健康的关系，分析了休闲体育对心理健康的影响、心理健康对休闲体育的需求，以及二者之间的互动关系，并提出了促进心理健康的休闲体育活动。第三章探讨了休闲体育与身体健康的关系，包括休闲体育对身体健康的影响、身体健康对休闲体育的需求，以及二者的互动关系，同时提出了促进身体健康的休闲体育活动。第四章关注了休闲体育与社交健康之间的联系，从休闲体育对社交健康的影响、社交健康对休闲体育的需求，以及二者的互动关系出发，提出了促进社交健康的休闲体育活动。第五章涉及休闲体育与社会健康的关联，包括休闲体育对社会健康的影响、社会健康对休闲体育的需求，以及二者的互动关系，并提出了促进社会健康的主要方式。本书旨在系统地介绍休闲体育对个体健康和社会健康的积极影响，并为相关领域的学者、教育工作者及广大读者提供理论与实践相结合的参考资料；通过丰富的案例分析和深入的探讨，激发读者对休闲体育与健康关系的兴趣，并为促进个体健康与社会健康提供可行的休闲体育活动建议。

在本书的创作过程中，笔者借鉴了许多前辈的研究成果，在此表示衷心的感谢。由于本书需要探究的层面比较深刻，笔者对相关问题的研究还不够透彻，加之写作时间仓促，书中难免存在一定的疏漏，恳请前辈、同行及广大读者斧正。

目　录

第一章　休闲体育的概念与特点

第一节　休闲体育的概念界定

一、休闲体育的概念

在休闲体育兴起初期，“休闲体育”这一概念并未被准确定义，因此出现了“运动休闲”“休闲体育”“体育休闲”等术语混淆使用的现象，这对休闲体育的进一步研究和发展带来了一定困难。近年来，各国纷纷增加了对休闲体育的研究力度，并就该概念提出了各自的观点和看法，但学术界至今未能达成一致。

近年来，我国学者在休闲体育领域展开了大量研究。相较于西方国家，我国学者对休闲体育的概念有着独特的理解。他们认为，现代休闲体育是现代人在自由支配时间内，根据自身兴趣和需求，自主选择和直接参与的一种体育活动，其目的在于娱乐身心、提高生活质量。然而，由于学者们研究休闲体育的角度不同，对休闲体育概念的界定存在一定的差异性。对于休闲体育的概念界定，我国休闲学家马惠娣提出，休闲体育是以休闲为目的或以休闲心态参与的体育活动，是作为休闲生活方式之一进行选择的活动方式。而陈玉忠则认为，休闲体育是人们在闲暇时间内，以体育为途径或载体，为达到娱乐、消遣、刺激和宣泄等多种目的，获取直接的生理或心理满足而进行的形式多样、内容广泛的休闲活动。不仅如此，还有一些国内外学者将休闲体育称为“娱乐体育”“余暇体育”“运动休闲”等，甚至认为在业余时间从事的体育活动即为休闲体育。这些不同的认识使得休闲体育与其他运动形式之间的界限变得模糊，因此人们未能真正理解休闲体育所强调的体育心态和生活状态。

休闲体育强调人的主体性，将体育活动作为日常生活方式的重要组成部分。其运动形式强调人们的自主自愿参与，从个体内心需求出发，尤其强调人们在体育活动中得到的享受。通过参与休闲体育活动，人们能够更好地消除身心疲劳，提升精神状态。除了以上观点外，还有其他学者对休闲体育的概念进行了不同的阐述，综合理解这些观点有助于我们更全面地理解和认识休闲体育运动。为了加深对休闲体育的理解，我们可以从以下几个方面入手。第一，理解休闲体育的本质。休闲体育不仅是一种运动活动，更是一种生活态度和方式。它强调个体的自主性和愉悦感，通过参与体育活动达到身心放松和愉悦的目的。第二，认识休闲体育的多样性。休闲体育的形式和内容丰富多样，涵盖了各种体育运动和活动方式。人们可以根据自己的兴趣和偏好选择适合自己的休闲体育项目。第三，重视休闲体育的健康效益。休闲体育不仅可以提升身体素质和运动能力，还有助于减轻压力、缓解焦虑、改善情绪，对身心健康有着积极的促进作用。第四，推动休闲体育的发展。政府、社会组织和个体都应该加强对休闲体育的支持和推广，创造更多的参与休闲体育的机会，让更多的人能够享受到休闲体育带来的益处。

休闲体育作为体育和休闲的结合，其含义确实是以体育的方式达到休闲的目的，但休闲的方式却是多种多样的，体育只是其中之一。休闲体育将休闲限定在体育范畴内，以体育活动作为休闲的核心方式。人们参与体育活动的目的各异，包括减肥、健身、塑形、学习、交流等。然而，休闲体育与其他体育活动的不同之处在于其核心是休闲，因此极大地拓展了现代社会体育的功能和价值，具有休闲、健身、娱乐、教育、社会整合等多重功能。不论是室内还是户外的休闲体育活动，其基础都是身体的直接参与，而休闲体育的基本特征也在于身体的直接参与。从某种意义上来说，个体参与休闲体育的过程不仅是通过身体的适度活动完成休闲，更是通过身体活动调节个体身心的过程。

将上述观点综合起来，我们可以界定休闲体育的概念为：人们在闲暇时间所进行的一些增进身心健康、丰富生活情趣、完善自我的流行的锻炼活动。休闲体育运动的属性包括健身、游戏、娱乐等，它不仅可以改善和促进人的身心健康，还可以提高人体的机能水平。在日常生活中，休闲体育的上述属性和作用对人们的休闲生活至关重要。休闲体育的核心在于休闲，但其所蕴含的意义远不止于此。通过参与休闲体育活动，人们可以增进身心健康、丰富生活情趣、完善自我，同时也可以促进社会交流和整合。休闲体育是人们休闲生活的重要组成部分，也是现代社会体育发展的重要方向之一。在实践中，我们应该充分认识到休闲体育的重要性，提倡并鼓励人们积极参与各种形式的休闲体育活动，以实现身心健康、精彩生活、促进社会和谐的综合目标。同时还需要加强对休闲体育活动的组织和管理，确保其能够更好地为广大人民群众提供服务，实现社会全面发展的目标。

二、休闲体育的内涵

（一）余暇体育

余暇体育并非一种全新的体育形式，而是一种针对参与体育活动主体的活动时间的界定。它指的是人们利用闲暇时间，以达到健身、娱乐、消遣、刺激、宣泄等多种目的的多种活动方式。这一概念强调了在日常生活中人们可以利用空闲时间进行体育活动，以促进身心健康和提高生活质量。在现代社会，随着生活节奏的加快和工作压力的增大，人们的闲暇时间变得愈发宝贵。因此，如何有效利用这些宝贵的闲暇时光成为人们关注的焦点之一。余暇体育作为一种重要的休闲方式，成为人们缓解压力、放松心情的重要途径。在实践中，余暇体育可以表现为多种形式。例如，可以选择户外跑步、健身房锻炼、游泳、骑行等个体体育活动，也可以选择团体运动项目，如篮球、足球、羽毛球等。此外，一些休闲性的体育活动，如瑜伽、太极拳、舞蹈等也深受人们喜爱，成为人们闲暇时光的理想选择。余暇体育的意义不仅在于促进身体健康，更在于提高生活质量。通过参与各种形式的体育活动，人们不仅可以锻炼身体、增强体质，还可以释放压力、缓解焦虑、提升心理素质。同时，体育活动也是良好的社交平台，可以促进人与人之间的交流和沟通，增进友谊，提升社会融合度。然而，要想充分发挥余暇体育的作用，还需要社会各界的共同努力。政府可以加大对体育设施建设的投入，提供更多、更好的体育场地和设施，为人们提供参与体育活动的便利条件。学校和企业可以通过开展体育活动、组织健身培训等方式，引导和鼓励学生与员工积极参与体育锻炼，培养健康的生活方式。

（二）运动休闲

运动休闲是一种根据个体意愿和特定目标，在闲暇时间主动积极参与的具有运动性质的活动。这一概念强调个体的主动性和积极性，涵盖了各种动态性和体能性的体育活动。在当代社会，人们的生活节奏快、工作压力大，闲暇时间成为缓解压力、放松心情的宝贵时光。而运动休闲作为一种重要的休闲方式，不仅可以帮助人们释放压力、提升身体素质，还能够增进社交、促进心理健康、丰富生活。运动休闲的特点之一在于个体的自主性和自愿性，人们可以根据自己的兴趣爱好和身体状况选择适合自己的运动项目和方式，而非受制于外界的压力或规定。这种自主性使得运动休闲成为一种个性化、多样化的活动形式，能够更好地满足个体的需求。同时，运动休闲还强调个体的积极参与。这意味着人们不仅要有意识地选择参与运动活动，还要积极地、全身心地投入其中。这种积极性不仅能够提升运动效果，还能够增强个体的自信心和自律能力。运动休闲所涵盖的活动范围十分广泛，包括但不限于跑步、健身、篮球、足球、羽毛球、游泳、瑜伽、太极拳等各种体育运动。这些活动既可以在室内进行，也可以在户外进行，适合不同年龄层和不同健康水平的人群参与。运动休闲还注重活动的动态性和体能性，动态性体现在活动的灵活性和多样性，而体能性则强调活动对身体素质的提升和锻炼效果。这种综合性使得运动休闲成为一种全面促进身心健康的活动方式。

（三）娱乐体育

娱乐体育作为一种在闲暇时间进行的娱乐性较强的身体活动，既是对心理的娱乐，也是对身体的锻炼。这一概念强调了体育活动在娱乐性和放松愉悦等方面的作用，将体育与娱乐相结合，为人们提供一种愉快、轻松的休闲选择。娱乐体育的核心目标在于寻求放松愉快的情感体验。在快节奏的生活中，人们经常面临各种压力和挑战，而娱乐体育可以帮助人们在闲暇时光中得到心灵上的放松和愉悦。通过参与各种有趣的体育活动，人们可以暂时忘却烦恼，享受运动带来的愉悦和乐趣，重新充实自己的精神状态。娱乐体育的特点之一在于活动内容的趣味性和形式的多样性。相比于传统的严肃训练或竞技比赛，娱乐体育更注重活动的趣味性和参与者的体验感。这意味着在娱乐体育活动中，人们可以选择各种有趣的体育项目和形式，如足球、篮球、排球、羽毛球、游泳、健身操、瑜伽等，也可以尝试一些非传统的体育活动，如气排球、踢毽子、跳舞等，这进一步丰富了人们的体育活动选择，增加了体育活动的趣味性。娱乐体育不仅仅是一种对心理的娱乐，同时也是一种对身体的锻炼。尽管娱乐体育的目标是放松愉快的情感体验，但是这些体育活动同样可以有效地促进身体健康和提升体能水平。通过参与娱乐体育活动，人们可以增强心肺功能、提高肌肉力量、改善柔韧性，从而达到保持身体健康的目的。

（四）休闲体育

休闲体育是在闲暇时间通过各种方法和手段进行身体锻炼，开展多种形式和内容的身体娱乐，同时还可以将其视作一种现代文明社会的交往方式和交际手段。在工业社会和后工业社会，人们在创造的物质财富和精神财富的基础上，以自我完善、自我充实的自觉态度，积极主动地追求和享受体育活动的乐趣，这构成了一种现代行为方式。休闲体育的概念不仅仅局限于体育锻炼，而是将体育活动与休闲娱乐相结合，强调了身心健康与娱乐享受的平衡。在日常生活中，人们面临着各种生活和工作压力，使得寻求放松和娱乐方式变得尤为重要。休闲体育就是在这样的背景下应运而生的，它为人们提供了一个自由、愉悦的休闲选择。休闲体育强调了身体锻炼的重要性，通过参与各种形式的体育活动，人们不仅可以增强身体素质、提高健康水平，还可以缓解工作压力、减轻身心疲劳、保持良好的身心状态。不论是户外徒步、跑步、骑行，还是室内健身、篮球、羽毛球等运动，都为人们提供了锻炼身体的机会。休闲体育还非常注重身体娱乐的内容和形式，人们可以选择各种各样的体育活动，包括传统的体育项目和一些新兴的休闲体育形式。例如，户外露营、登山、滑雪等体育活动既能锻炼身体，又能享受大自然的美景；瑜伽、太极拳等体育活动则注重身心调和，通过缓慢的动作和呼吸练习，达到放松身心的效果。休闲体育还是一种现代社交方式和交际手段。在参与体育活动的过程中，人们不仅可以锻炼身体，还可以结识新朋友，拓展社交圈。通过参与团体运动项目或者加入运动俱乐部，人们可以与他人分享运动的乐趣，增进彼此的了解，促进社会和谐。

休闲体育的概念界定需要同时符合休闲和体育的特征，以此来全面理解其内涵。休闲体育应当是个体在闲暇时间自主选择、自由支配的活动，与竞技体育的专项训练和体育教育规定的课程有着明显的区别。在参与休闲体育活动的过程中，个体完全根据自己的兴趣、爱好和需要来选择活动的方式和内容，确定活动的强度，因此个体是活动的主体。休闲体育的目标多样，其中健身是基础，娱乐是核心。在休闲体育活动中，人们通过参与多种多样的活动项目，旨在达到健身、娱乐、交往等多方面的目的，以满足个体身心发展的需求。特别是娱乐作为休闲体育的主要目标之一，强调了活动的趣味性和愉悦性，为个体提供了一种愉快、放松的休闲选择。休闲体育与一般的体育健身活动的不同之处在于它具有更多的挑战性、刺激性、冒险性、新颖性、趣味性和艺术表现性。在参与休闲体育活动的过程中，人们不仅仅是简单地进行身体锻炼，更是展现个体能力和个性，从而获得身心的愉悦和满足。因此，休闲体育也是一种具有一定科学技术含量和文化品位的社会文化活动。休闲体育项目的产生和发展都建立在科学知识的基础之上，采用了新技术、新器材和新方法。通过参与休闲体育活动，人们不仅可以锻炼身体，还可以提升个体的科技素养和文化品位，丰富自己的精神生活。

第二节 休闲体育的分类与特点

一、休闲体育的分类

（一）健身

健身活动也称为塑身运动，是为了保持个体机体机能的良好状态、促进身体健康地生长发育，以及增强个体体质水平而进行的活动。在以往的研究中已经证实了体育对于强身健体的作用，如今随着社会物质生活条件的改善和社会观念的更新，人们的需求也在不断变化，已经从满足生存需要逐渐向享受和个体发展的方向发展。健身活动不仅仅是为了追求身体健康，更是为了个体的发展和完善。在闲暇时间，个体通过参与各种形式的健身活动来塑造自身，努力使自己变得更好。良好的身体状态是良好心理状态和精神状态的基础，随着社会生活水平的提高，人们越来越注重追求健康的身体和良好的精神状态。因此，健身活动已经成为现代人主要的休闲活动之一。过去，人们强身健体是为了活得更健康、更长寿。而现在，人们热衷于塑造身体形态的运动则是受到一种更高层次需求的驱使。在现代社会，个体追求身体外部形态和姿态的完美已成为一种具有审美意义的需求。通过参与健身活动，人们不仅可以增强自信心、提升形象，还可以展现个体魅力，获得身心的愉悦和满足。健身活动的形式多种多样，包括但不限于健身房锻炼、跑步、游泳、瑜伽、体操等，每种形式都可以满足不同人群的需求和偏好。

（二）体育娱乐活动

体育娱乐活动是一种结合了身体练习和愉悦情感的娱乐形式，旨在通过参与各种具体的活动来达到身心愉悦的目的。人类的娱乐行为具有多种形式，而体育娱乐作为其中重要的一类，与人类的灵性和社会文化密切相关，体现了人类的想象力和创造力。在众多的娱乐形式中，体育娱乐活动独具特色，它以游戏活动为基础，通过参与游戏，人类可以探索自由、追求快乐、发挥想象力，体验愉悦和乐趣。体育娱乐活动的多样性和丰富性为人们提供了多种选择，无论是参与团体运动、户外探险、个体挑战还是观赏体育比赛，都可以满足不同人群的需求和偏好。体育娱乐活动的主要目的是愉悦身心，这种愉悦感受可以来自身体的舒适感、心理的放松，也可以来自活动的场景和氛围。因此，体育娱乐活动强调的是体验性的休闲活动，注重心理的愉悦感受，而不仅仅是身体上的舒适感。体育娱乐活动的多样性使得人们可以在不同的场景和环境中寻找到乐趣和满足。例如，在户外徒步、骑行、滑雪等活动中，人们可以感受大自然的美景，放松身心；在团体运动比赛中，人们可以体验团队合作的乐趣，增强社交关系；在个体挑战项目中，人们可以挑战自我，突破极限，获得成就感和满足感。

（三）竞赛活动

休闲体育中的竞赛活动与传统的竞技体育相比显然有着截然不同的特点与魅力。在休闲体育的范畴内，竞赛活动更多地强调过程和形式，而不是结果。这样的竞赛活动本质上是为了满足参与者在休闲时的一种心理需要，强调的是个体的展示与表现，以及与他人的互动与了解。竞赛活动为个体提供了一个平台，人们可以在这个平台展现自己的技能、表现自己的实力，也可以通过他人的表现去了解和认识对方。竞赛活动不仅是一种体验，更是一种交流和沟通方式，通过比拼和竞争，人们可以得到自我满足。在谈到竞赛活动作为一种休闲方式时，学者于光远提出了一些有趣的观点。他指出，与观光、娱乐等形式相比，竞赛活动更多地体现了个体的进取心和好胜心。在竞赛活动中，人们往往会感到紧张和挑战，但正是这种紧张和挑战给予了他们一种独特的欢乐。与其他形式的娱乐活动不同，人们对竞赛活动的兴趣似乎永远不会减弱。相反，他们会一次又一次地投入其中，因为竞争性质的活动激发了人们内心深处的好胜心和进取心，这种好胜心和进取心正是竞赛活动的独特魅力。在竞技体育中，人们追求的是金牌和荣誉，而在休闲体育的竞赛活动中，人们更多地追求的是个体的成长和乐趣。竞赛活动不仅是一种娱乐方式，更是一种个体心理和情感的释放与表达。在参与竞赛活动的过程中，人们可以不断挑战自我，不断突破自己的极限，体验成长和进步的喜悦。

（四）放松活动

放松作为休闲的主要目的，被认为是休闲的首要功能，这一观点被法国学者罗歇·苏深刻地阐释和强调。放松不仅意味着身心的休息和恢复，更是一种解放和解脱，是对一天工作后紧张和劳累的消除，同时也是对个体约束和限制的心理解放。这种解放不仅仅是对工作所带来的义务的解放，还包括对其他生活压力和责任的解放，从而让个体能够更好地体验生活、享受生活。在现代社会的快节奏生活中，人们往往面临着各种各样的压力和挑战，工作、学习、家庭等各个方面的责任和义务不断地占据着个体的时间和精力。这些压力和责任常常导致人们的身心紧张和疲劳，影响着个体的健康和幸福感。因此，放松成为人们的一个重要追求。通过参与放松活动，人们可以恢复身心平衡、缓解压力、提高生活质量。放松的含义不仅仅是简单的休息和睡眠，更包括了各种形式的休闲活动，如运动、阅读、听音乐、旅行等。这些活动不仅能够帮助人们释放身体的紧张和疲劳，还可以让人们得到精神上的愉悦和满足。通过参与放松活动，人们可以重拾精力，更好地调整自己的心态和情绪，从而重新面对生活中的挑战和压力。在放松的过程中，人们可以摆脱工作和其他责任的束缚，享受自由自在的时光。这种自由不仅是身体上的自由，更是心灵上的自由。放松活动让人们感受到了一种解脱和解放，让人们可以摆脱焦虑和压力，尽情享受生活的美好。

罗歇·苏的研究阐述了现代劳动环境中存在的诸多压力和紧张因素，以及这些因素对个体心理健康的影响。他指出，现代劳动精神紧张的根源可以追溯到劳动方式的改变，即从以往的体力劳动发展到现今的精神劳动。工业化带来的流水线作业不仅导致了劳动过程的机械化和重复性，还使得工人们长期处于单一、重复的劳动环境中，缺乏身体活动和人际交流，同时受到环境污染和噪声等外部因素的干扰，这些因素共同造成了劳动者心理压力的增大。在这样的劳动环境中，个体往往承受着持续的心理压力和紧张。这种心理压力和紧张可能会影响个体的心理健康，引发各种心理问题，如焦虑、抑郁等，摆脱这种心理压力和紧张的期望成为每个体内在的心理需求。通过参与各种休闲活动，个体可以暂时摆脱心理压力和紧张，放松身心，重拾内心的平静和愉悦。休闲活动为个体提供了一个舒适的环境和愉悦的体验，让人们得以充分释放内心的压力和紧张，以更好的状态迎接未来的挑战。

罗歇·苏的研究还指出了现代都市生活中的另一种压力来源，即来自工作之外的时间所面临的各种约束和压力。他认为，尽管工作是生理和精神疲劳与紧张的一个重要来源，但人们在工作之外的时间同样面临着各种挑战和压力，这些挑战和压力对人们的心理健康同样具有重要影响。罗歇·苏指出交通不便所带来的辛劳是人们工作之外的时间里最主要的压力来源之一。在现代城市中，交通拥堵、路程遥远等问题使得人们不得不将大量的时间和精力花费在通勤上，这不仅增加了人们的生理负担，还导致了心理上的压力和焦虑。长时间的交通通勤不仅消耗了个体的体力和时间，还给个体带来了精神上的疲劳和压力，使得他们在工作之外的时间里难以得到真正的放松和休息。罗歇·苏还提到城市中各种拥挤和管理服务方面的窒息感。在现代城市生活中，人们常常面临着人潮涌动、环境拥挤等问题，这使得他们在工作之外的时间里难以享受到真正的自由和舒适。管理服务方面的不畅和繁杂也增加了个体的生活负担和压力，使得他们的休闲时间受到了影响，难以得到有效的放松和休息。

（五）消遣活动

在现代社会，消遣活动是人们在空闲时间追求快乐和放松的一种重要方式。罗歇·苏在他的研究中深入探讨了消遣活动在现代都市生活中的重要性，指出了它与人们心理健康和生活质量的密切关系。现代都市生活的快节奏和高压力使得人们经常感到疲惫、焦虑和忧郁。工作的单调重复，以及生活中的各种压力和负担，使得人们需要一种方式来解脱压力、消除疲劳。消遣活动为人们提供了这样的一个机会，通过投入愉快的事物中，让自己暂时忘记烦恼，找到心灵的安宁和平静。在现代都市生活中，媒体的广泛传播使人们越来越容易受到各种消极情绪的影响，如焦虑、压力、孤独等。在这样的背景下，消遣活动成了人们摆脱消极情绪、寻找乐趣的重要方式。通过参与消遣活动，人们可以调节自己的情绪，保持积极的心态，提高生活质量。消遣活动还是人们寻找幸福感和满足感的重要途径。在现代社会，人们经常面对着工作、家庭等各方面的责任和压力，而消遣活动则为他们提供了一个逃离现实的机会，帮助他们放松心情，享受生活的乐趣。通过参与各种消遣活动，人们可以丰富自己的生活，培养兴趣爱好，建立社交关系，从而提升自身的幸福感和满足感。

在过去，消遣活动往往被视为享乐主义行为，从而被社会所批评或否定，特别是在传统的社会价值观和伦理道德观中，消遣往往被认为是一种浪费时间、不务正业的行为，尤其是对于劳动阶层而言，更是被视为不道德的表现。然而，随着社会的发展和时代的变迁，人们对于消遣活动的态度也发生了转变。现代社会的休闲和消遣活动不再仅仅局限于简单的享乐和放纵，而是具有更多的功能和意义。消遣活动不仅可以帮助人们释放压力、缓解疲劳，还可以丰富生活、提升幸福感，满足人们日益增长的精神和情感需求。通过参与各种消遣活动，人们可以发展兴趣爱好、培养生活技能、拓展社交圈，促进个体的成长和发展，这些都是现代社会对于消遣活动的新认知和新理解。随着社会价值观和伦理道德观的变化，人们对于消遣活动的态度也发生了转变。现代社会更加注重个体的自由和多样性，尊重个体的选择和需求。因此，消遣活动不再受到过去那种严厉的批评和否定。相反，人们开始更加开放和包容地看待消遣活动，认为它是一种合理的生活方式，是个体追求快乐和幸福的一种途径。

在罗歇·苏看来，游戏在消遣活动中扮演着重要的角色。游戏不仅是一种娱乐方式，更是一种释放压力、放松心情的重要手段。他强调了游戏的价值，并将其视为休闲的基本方面之一。在各种游戏中，体育活动被认为是一种特别重要的形式，因为它不仅可以让人们在身体上得到锻炼，还能在精神上获得解放。罗歇·苏指出，游戏是解除紧张的主要工具。在游戏中，人们可以释放被强加于个体的各种规章和压抑，体验到自由和轻松的感觉。通过参与游戏，人们可以暂时摆脱日常工作和生活的种种束缚，找到内心的平静和愉悦。此外，体育活动通常是一种无动机的行为，人们参与其中并没有其他的目的，而是为了纯粹的乐趣和享受。

（六）交际活动

在交际活动中，人们可以享受交际的自由和愉悦，这是因为在工作条件下，人们的相互关系往往受到劳动纪律和规章制度的限制，这种限制使得人际交流缺乏自由度和灵活性。而在休闲的条件下，人们的自由感能够得到充分的发挥和拓展，从而使人际交流的过程和结果更为愉悦和实效。在休闲活动中，特别是休闲体育活动中，人们可以获得更大的想象空间和自由空间。在共同参与活动的过程中，人与人之间没有高低贵贱之分，也没有职业的差异，许多社会性差异在这个过程中变得毫无意义。平等的氛围使得人们很容易地消除了彼此之间的隔阂，从而促进了更加融洽的交流和互动。在休闲体育活动中，每个个体都可以平等地参与。在这种平等的氛围下，人们更愿意接受游戏规则，从而保持了活动的秩序与和谐。

相关研究者指出，即使是商业谈判或其他形式的会谈，采用休闲体育的方式进行交流可能比其他方式更有效率。例如，在高尔夫球场上进行商业谈判比在茶楼或其他休闲活动场所更加有效，原因是在每一杆击球之后留下的时间足够让双方思考最佳的回应方案。与在其他地方进行谈判相比，这种方式不会因为思考而导致场面的尴尬和冷场。在高尔夫球场上进行商业谈判有几个优势。首先，高尔夫球是一项需要集中精力和思考的活动，在击球的间隙，谈判双方有足够的时间思考下一步的策略或回应，不会因为沉默而感到尴尬。其次，高尔夫球场的环境通常较为安静，没有外界的打扰，这有助于双方更加集中注意力，并且能够更加自由地表达自己的想法和意见。最后，高尔夫球是一项需要合作和竞争的活动，通过在比赛中相互竞争和合作，谈判双方可以更好地了解对方的性格和行为方式，从而建立更加稳固的合作关系。除了高尔夫球之外，其他形式的休闲体育活动也常被人们当作交际的手段。例如，篮球、游泳、慢跑等活动都可以提供一个轻松愉快的环境，帮助双方放松心情，增进彼此之间的了解，从而更加顺利地进行交流和合作。

（七）探新求异的活动

探新求异是人类内在的一种普遍心理倾向，它驱使着人们不断地寻找新的体验、新的挑战和新的可能性。然而，在当今社会，大多数人的工作方式往往过于机械化和单调，缺乏创新和新意，这导致了人们探索新奇和异趣的需求在工作中被压抑。因此，许多人将释放这种需求的行动转移到了休闲时间中。休闲活动提供了一个理想的平台，让人们得以满足探新求异的欲望。其中，运动性的活动尤为突出，如洞穴探险、背包旅行、野外露营等。这些活动带来了与工作和日常生活完全不同的环境和体验，让参与者能够在全新的场景中感受到心旷神怡的愉悦。这些活动远离了熟悉而枯燥的日常环境，让人们置身于自然的怀抱中，感受大自然的壮美与神秘。例如，在洞穴探险中，人们可以穿行于幽暗的地下世界，探寻未知的洞穴结构和地下河流；在背包旅行中，人们穿越险峻的山川，探索偏远的自然风光和原始文化；在野外露营中，人们与大自然亲密接触，享受星空下的宁静与美好。这些活动带来了全新的体验和挑战，让人们在探索的过程中感受到无尽的新鲜感和兴奋感。洞穴探险者在漆黑的洞穴中挑战未知的地下通道和地质结构，体验探险的刺激和紧张；背包旅行者穿越险峻的山脊和峡谷，挑战自己的体能和意志，领略壮丽的自然景观和多样的民俗风情；野外露营者在野外生存的过程中学会独立和自给自足，感受与大自然的和谐共生。

（八）寻求刺激的活动

寻求刺激在现代社会中是一种普遍存在的心理需求。对于许多人来说，日复一日的生活节奏和工作环境往往让他们感到乏味和厌倦，渴望一种适宜的方式来激发生活的乐趣和刺激感。在休闲体育领域中，有许多活动具有较强的刺激性，它们不仅能够让人们体验到对身体的挑战，还能够激发人们的勇气和冒险精神。例如，激流冲浪是一项需要勇气和技巧的水上运动，参与者在激流中乘坐皮艇或冲浪板，穿梭于激流之间，挑战自然，体验刺激和兴奋。在激流冲浪中，参与者需要战胜湍急的水流，保持平衡并控制航向，因此需要具备一定的体能和技巧。同时激流冲浪还能够让人们与自然亲密接触，领略大自然的壮美和神奇。攀岩是一种需要技巧和勇气的户外运动，参与者需要在垂直或接近垂直的岩壁上进行攀爬，挑战自身的体能和技巧。在攀岩活动中，参与者需要克服高度和重力的挑战，保持稳定和平衡。当攀登到岩壁顶端时，可以体验到攀登的刺激和成就感。攀岩不仅是一项体育运动，也是一种自我挑战和自我突破的心理活动。如今，越来越多的人开始尝试寻求刺激的活动，以丰富自己的休闲生活，挑战自己的极限，体验生活的乐趣和精彩。在参与这些活动时，人们应该遵守社会规范和伦理道德，保护自己和他人的安全，共同享受运动的乐趣和刺激。

二、休闲体育的特点

（一）促进人的全面发展

休闲体育作为一种特殊形式的体育活动，旨在促进人的全面发展，不仅注重身体健康和体能提升，更重视心理素质和社交能力的培养。它脱离了传统的竞技性质，强调个体的自主选择和自由支配，为人们提供了丰富多彩的休闲方式，从而实现身心的全面发展。

休闲体育的特点之一是自主性。与竞技体育不同，休闲体育不受时间和地点的限制，个体可以根据自己的喜好和兴趣选择参与的项目和方式。这种自主性使人们能够更加自由地安排自己的休闲时间，从而更好地调节身心状态，实现全面发展。

休闲体育强调身心并重，注重人的全面发展。除了提高身体素质和体能水平外，休闲体育还注重心理素质的培养和社交能力的提升。通过参与各种体育活动，人们可以释放压力、减轻焦虑、增强自信心、培养团队合作意识、提高沟通能力，促进人际关系的和谐发展。

休闲体育具有很强的娱乐性和趣味性。相比于传统的竞技体育项目，休闲体育的活动内容更加多样化和富有趣味性。参与者不仅可以在活动中锻炼身体，还能够享受到游戏带来的乐趣和愉悦，从而更加积极地投入其中，达到全面发展的目的。

休闲体育还具有社会性和开放性。通过参与各种体育活动，人们可以拓展社交圈，结识新朋友，增进人与人之间的交流和理解。在休闲体育活动中，没有高低贵贱之分，每个个体都可以平等地参与其中，享受运动带来的快乐和满足，从而促进人际关系的发展和社会的和谐。

（二）重视人与自然的结合

休闲体育作为一种体育活动形式，注重人与自然的结合，通过参与各种户外活动和体育运动，可以让人们更加深刻地体验大自然的奇妙之处，实现人与自然的和谐共生。

休闲体育注重参与和体验。与传统的竞技体育相比，休闲体育更加强调人们的参与感和体验感。在户外徒步、露营、登山、骑行等活动中，人们可以亲身感受大自然的美景，体验户外生活的乐趣和挑战，从而增加对自然的认知和理解。

休闲体育强调愉悦感和成就感。在参与各种体育活动的过程中，人们不仅可以锻炼身体，还可以获得愉悦感和成就感。例如，在徒步旅行中，人们可以欣赏到壮美的自然风景，感受征服山川的成就感；在骑行中，人们可以感受到清新的微风，体验骑行的快乐和自由，从而增强对生活的热爱，培养积极向上的生活态度。

休闲体育体现了人类返璞归真、回归自然的想法。在现代社会，人们生活在钢筋水泥的城市中，工作和生活节奏快、压力大，而休闲体育则提供了一个远离喧嚣、回归自然的机会。通过参与户外活动和体育运动，人们可以暂时忘却工作和生活的烦恼，放松心情，感受大自然的静谧和安宁，重新审视自己与自然的关系，体验身心的平静与和谐。

休闲体育符合人们对绿色、环保和生态平衡的美好愿望。在现代社会，人们越来越重视环境保护和生态平衡，希望能够保护大自然的美好环境，保护地球的生态系统。而休闲体育的活动方式通常是在自然环境中进行的，强调对自然的尊重和保护，倡导绿色生活方式，符合人们对美好环境的向往和追求。

（三）因人而异

休闲体育的多样性是因人而异的，不同的文化背景、生活环境和个体喜好都会影响人们选择的休闲体育方式。在不同的国家和地区，人们对于休闲体育的偏好也各不相同，这体现了文化多样性和个性化需求。例如，足球是英国人最喜爱的体育运动之一，每逢周末，足球场上都会聚集一大群热情的球迷和运动员。此外，赛马、飞镖等传统体育项目在英国也颇受欢迎，这些体育项目不仅体现了绅士风度，还充满了激情和竞技性。英国人还喜欢进行户外活动，如徒步、露营等，尤其是在乡村，享受大自然的美景成为许多英国人的休闲方式。德国人注重家庭和团体活动，他们喜欢在公园或沙滩上举行家庭排球赛，通过运动促进家庭成员之间的交流和互动。除了排球，德国人还热衷于进行徒步旅行、登山等户外活动，尤其是在山区，徒步旅行已经成为一种传统的休闲方式。日本人的休闲体育偏好也颇具特色，他们喜欢进行散步、跑步、健美操、舞蹈等轻松愉快的运动，以保持身心健康。同时，参加健身俱乐部或者练习武道也是许多日本人愿意选择的休闲体育活动。这些休闲体育活动不仅可以锻炼身体，还能培养自律和毅力。

（四）完整的逻辑和概念

休闲体育作为人类社会体育实践的重要组成部分，不仅包括丰富多彩的体育项目，而且在其背后还有着完整的逻辑和概念体系。这个体系建立在体育科学的基础之上，将人类的科学理论知识和技术融入其中，形成了一个系统而完整的理论框架。

休闲体育的逻辑体系体现在其目标与意义上。休闲体育的目标是促进个体的全面发展，提高生活质量，增强身心健康。休闲体育通过丰富多样的体育活动，满足人们对健康、娱乐、社交等方面的需求，使人们在休闲时间得到身心的愉悦和满足。这种目标设定既符合人类对于自身全面发展的追求，也反映了社会对于健康生活的重视。

休闲体育的逻辑体系体现在其科学性和系统性上。休闲体育科学借鉴了体育科学的理论和方法，包括运动生理学、运动心理学、运动社会学等多个学科的知识，并将其应用于休闲体育的实践中，以科学的方法分析和解决休闲体育中的问题。同时，休闲体育还建立了系统的规则和标准，确保休闲体育活动的安全性和有效性，使之成为一种有序、规范的社会文化活动。

休闲体育的逻辑体系还体现在其实践与创新上。休闲体育不断吸收新的科学成果和技术，不断创新体育项目和活动形式，以适应社会发展和人们需求的变化。例如，随着科技的进步，虚拟现实技术、智能健身设备等被广泛应用于休闲体育领域，为人们提供了全新的体验和选择。同时，休闲体育还注重保护自然环境，提倡绿色健身，倡导人与自然和谐共处，体现了可持续发展的理念。

（五）强调人的个性

休闲体育的独特之处在于它强调了人的个性，提倡个性在体育活动中的自由发展和升华。在休闲体育活动中，每个个体都可以找到适合自己的活动项目，展现自己的独特魅力，体验个性的愉悦和满足。休闲体育的多样性为个性的展现提供了广阔的舞台，无论是户外探险还是室内健身，无论是球类运动还是水上项目，休闲体育领域涵盖了各种各样的体育活动，每个个体都可以根据自己的兴趣爱好和特长选择适合自己的体育活动，这种多样性使得每个个体都有机会在自己擅长的领域中尽情发挥，找到属于自己的乐趣和成就感。

休闲体育注重情感和体验的表达，为个性的展现提供了情感渲染和体验传递的平台。在休闲体育活动中，人们可以通过运动表达自己的情感和态度，释放内心的压力和情绪，体验身心的愉悦和满足。例如，在跑步中可以感受身体的自由，在瑜伽中可以体味内心的宁静，在登山中可以挑战自我，这些体育活动都可以让人们展现出独特的个性特点，感受个性的美好和力量。

休闲体育还强调了人际交往和社交互动，为个性的展现提供了交友和沟通的平台。在参与休闲体育活动的过程中，人们可以结识志同道合的伙伴，共同探讨和享受运动的乐趣，通过互动交流增进彼此的了解。这种交往和互动不仅可以拓展自己的社交圈，还可以促进个性的发展和成长，让每个个体都感受到自己存在的价值。

第三节 休闲体育与健康的关系

一、健康的生活方式

健康的身体是生活和工作的基础，这一点在当今快节奏的社会中尤为重要。只有通过养成健康的生活方式，才能真正拥有一个健康的身体。健康的生活方式并非一种被动的状态，而是指人们在自身因素的约束下，自愿选择改善身体健康、满足自身需求的生活方式。这种生活方式不仅关注身体健康，还关注思想、行为和价值观的健康。

在现代社会，人们的生活节奏日益加快，工作压力和生活压力不断增大，这给身体健康带来了巨大的挑战。因此，拥有健康的生活方式成为维持身体健康的关键。健康的生活方式的核心是良好的生活习惯和行为，如合理饮食、适量运动、规律作息、充足睡眠、保持心理平衡等。通过形成良好的生活习惯，人们可以降低患病风险、提高免疫力、增强身体素质，从而享受更加健康、积极的生活。

除了身体健康，健康的生活方式还包括对思想、行为和价值观健康的关注。思想上的健康意味着积极乐观的心态和良好的心理素质，能够有效应对生活中的挑战和压力。行为上的健康包括自律、自控和自我管理能力，能够避免各种不良行为和疾病诱因。价值观上的健康意味着具有正确的人生观、价值观和生活态度，能够在社会交往中保持良好的人际关系，树立正确的人生目标和追求。

从社会医学角度来看，生活方式和生活条件对个体和社会的健康影响深远。一方面，良好的生活方式可以预防和控制多种疾病，减轻医疗负担，提高生活质量。另一方面，不良的生活方式则容易导致各种慢性疾病的发生，增加医疗开支，影响社会稳定和经济发展。因此，倡导健康的生活方式不仅是个体健康的需要，也是社会健康和发展的需要。

二、在选择健康生活方式时的阻碍

（一）科技的发展改变了传统生活

21 世纪是一个充满活力和机遇的时代，科技的飞速发展给人们的生活带来了巨大的变化。然而，随着科技的进步和现代化生活方式的普及，人们也面临着一些健康问题。

随着计算机、手机、电视等电子设备的普及，人们的休闲时间增加了，但与此同时，长时间使用这些设备也带来了一系列健康问题。例如，长时间坐在电脑前会增加颈椎病的发病率，影响工作效率和睡眠质量。此外，沉迷于电子设备也可能导致眼睛疲劳和视力下降。现代交通工具的普及在给人们的生活带来便利的同时，也带来了一些负面影响。例如，人们更依赖于汽车、摩托车等交通工具，从而减少了步行和骑行的机会，导致体育锻炼不足和肥胖率增加。此外，交通拥堵也给人们带来了压力和焦虑，影响心理健康。

现代化的办公方式使得越来越多的人久坐于办公室，缺乏必要的运动，增加了患病的风险。久坐会导致肌肉萎缩、心血管疾病等健康问题，严重影响身心健康。

提倡合理使用电子设备，避免长时间连续使用，可以通过定时休息和适当运动来缓解眼睛和颈椎的疲劳。鼓励人们选择环保的出行方式，如步行、骑行或者使用公共交通工具，减少对机动车的依赖，增加体育锻炼的机会。另外，工作单位可以为员工提供健身设施，鼓励员工参加体育活动，增强身体素质。个体应意识到久坐的危害，积极参与户外活动，保持良好的生活习惯和作息规律。

（二）快节奏的生活给人们带来压力

快节奏的生活给人们带来的压力是当今社会面临的一大挑战。随着经济的高速发展和社会竞争的日益激烈，人们的生活节奏似乎也跟着加快了脚步。这种快节奏生活既反映了社会的进步，也给人们带来了不少的困扰和焦虑。

对于上班族来说，快节奏的生活意味着长时间的工作和紧张的工作节奏。他们常常面临着工作压力、时间压力等各种挑战，很难抽出时间去进行户外活动或者放松自己。长时间的工作使得他们的大脑长期处于高度紧张的状态，缺乏足够的休息和恢复时间，这不仅影响了身体健康，也增加了心理负担。

对于学生来说，快节奏的生活让他们处在被动的学习氛围之中，学业压力、考试压力，以及不断增加的学习任务让他们很难有时间去享受户外活动或者与大自然亲近。长期处于高压学习环境中，学生的身心健康面临着严峻的挑战。

对于长期处于快节奏状态的人来说，大脑的持续高速工作可能会导致精神疲劳和压力过大。他们常常感到紧张、焦虑、沉重，甚至失眠等健康问题也会出现。这种心理状态不仅影响了个体的工作效率和生活质量，也可能导致一系列的健康问题。

要学会合理安排时间，保证工作和生活的平衡，适当安排休息和放松的时间。可以尝试一些释放压力的方法，如运动、冥想、听音乐等，帮助放松身心。另外，重视人际关系和社交活动，与家人、朋友分享快乐和烦恼，也是缓解压力的有效途径。

（三）错误的压力释放方式

错误的压力释放方式不仅无法帮助人们解决所面临的问题，甚至可能给个体带来更多的麻烦。

酗酒是常见的错误的压力释放方式，这种方式虽然可以暂时缓解压力，但带来的负面影响往往会造成更加严重的后果。例如，过度饮酒会损害身体健康，增加出现心理问题的风险，甚至导致酒精中毒等严重后果。

服用药物也是常见的错误的压力释放方式，这种方式虽然能够获得暂时的放松和快感，但会对身体健康造成严重损害，还可能导致成瘾问题和心理健康障碍，甚至可能危及生命。

上述错误的压力释放方式无法真正解决问题，反而还会加剧身心健康的负担。为了有效地应对压力，我们需要寻找更健康、更积极的方式来释放压力。例如，可以通过运动、冥想、艺术创作等方式来放松身心，找到问题的解决方案，并采取实际行动来解决问题。同时，也可以通过与亲友交流、寻求心理咨询等方式来获得支持和帮助。

三、休闲体育的现代社会价值

（一）休闲体育是现代社会中一种新型的健康生活方式

休闲体育作为一种新型的健康生活方式，在当今社会中受到越来越多人的重视和追捧。相较于传统的体育运动，休闲体育更注重人们在闲暇时间里自愿选择的运动方式，旨在满足个体健身、休闲和娱乐的多样需求，为人们提供了一种轻松愉快的运动方式。

第一，休闲体育活动是基于个体意愿和兴趣进行的，而非强迫性的参与。与传统的专业体育运动相比，休闲体育更加注重个体的自主选择和参与，没有竞争和压力，使人们更能够享受运动的乐趣和放松的愉悦感。

第二，休闲体育活动追求的是多样化和丰富性。不同于专业体育运动对于特定运动项目的设定，休闲体育注重的是个体在运动中的多样化需求，人们可以选择不同类型的运动项目，如散步、骑行、游泳、瑜伽等，满足不同人群的健身和娱乐需求。休闲体育活动的多样化和丰富性使其更具有包容性和普及性，可以吸引更多人的参与。

第三，休闲体育活动不受社会认可的束缚，注重的是个体的愉悦和放松。与竞技运动相比，休闲体育活动不需要参与者具备一定的技术水平或者遵循严格的规则，只要参与者自愿并感到愉悦即可。休闲体育活动更加注重个体在运动中的享受和放松，而非竞争和胜负。这种不受社会认可束缚的特点使得休闲体育活动更加开放和自由，能够满足个体多样化的运动需求。

（二）休闲体育将引导人们审视健康的生活方式

随着科学的进步和时代的变迁，人们对健康的理解也在不断演变。过去，人们普遍将健康简单地定义为没有疾病和病症的状态，即只要身体没有出现明显的生理问题，就可以被认为是健康的。然而，随着医学和心理学的发展，人们逐渐意识到健康远不止于此，而是一个更为综合和多维的概念。在现代社会，对健康的理解已经不再局限于身体的健康状况，而是包括了身心和社会的全面健康。一个真正健康的人不仅应该身体健康，还应该拥有良好的心理状态、社会适应能力和道德品质。良好的心理状态就是要心理健康，包括积极的心态、良好的情绪管理能力、对压力的适应能力等。一个心理健康的人能够更好地面对生活中的挑战和压力，积极应对各种困难和挑战。同时，一个健康的人应该能够与他人和谐相处，适应社会环境的变化，建立良好的人际关系。这就需要具备良好的沟通能力、合作能力、解决问题的能力等社交技能。社会适应能力强的人能够更好地融入社会，享受社会生活带来的乐趣。

1. 休闲体育可以促进生理健康

休闲体育能够促进心血管系统的健康。通过参与休闲体育活动，人体的心血管系统可以得到有效的锻炼，促进血液循环，提高心脏的收缩能力和血管的弹性，降低血压和血脂，减少动脉硬化的风险。有氧运动，如散步、慢跑、游泳等可以增强心肺功能，改善心血管系统的健康状况。

休闲体育有助于促进新陈代谢。适度的体育锻炼可以促进新陈代谢，提高能量消耗，有利于维持健康的体重。

休闲体育能够促进消化系统的健康。休闲体育活动可以促进消化系统的运动和消化液的分泌，改善消化吸收功能，预防和缓解消化系统疾病，如便秘、胃病等。

休闲体育有利于促进呼吸系统的健康。参与休闲体育活动可以增强呼吸肌肉的力量和耐力，提高肺活量，增加肺部的氧气吸收量，改善呼吸系统的功能。有氧运动可以提高肺部的通气效率，增加肺泡表面积，促进气体交换，有助于预防呼吸系统疾病，如哮喘、慢性阻塞性肺疾病等。

休闲体育可以增强免疫系统的功能，提高机体的抵抗力。休闲体育活动可以促进血液循环，增加血液中的白细胞数量，提高免疫细胞的活性，加速病毒和细菌的清除，有利于预防感冒、流感等传染性疾病的发生。同时，休闲体育活动还可以减轻身体的炎症反应，有助于预防和缓解慢性炎症性疾病。

2. 休闲体育可以促进心理健康

通过参与休闲体育活动，人们可以获得一个健康的身体，各项身体机能也会得到改善，这不仅有利于人们更好地工作和生活，还能够帮助人们拥有一个积极健康的心态，可以从容地面对工作和生活中的各种压力和挑战。通过参与休闲体育活动，人们能够塑造健康、积极的生活态度，提高身心健康水平。

3. 休闲体育有助于改善生活方式

休闲体育有助于培养健康的生活方式。在现代社会，人们常常忙于工作和生活琐事，缺乏足够的运动和休息时间，导致身体和心理健康出现问题。而参与休闲体育活动可以有效地调节生活节奏，使人们更加注重身体健康，养成良好的运动习惯。无论是户外散步、慢跑、骑行，还是室内健身、瑜伽等活动，都可以让人们享受运动的乐趣，提高身体素质，改善生活方式。

休闲体育可以促进个体的品格和魅力发展。通过参与休闲体育活动，人们可以培养团队合作精神、自律意识和坚忍不拔的品质，增强自信心和人格魅力。

休闲体育的兴起带动了体育相关产业的发展，推动了经济增长，增加了就业机会。随着人们对健康生活方式的追求和体育活动的普及，体育产业迎来了前所未有的发展。从体育器材制造、运动服装、体育场馆建设到体育旅游、体育赛事等，形成了繁荣的产业链，为社会经济的发展和人民群众的就业提供了新的动力和机遇。

休闲体育还是一种寓教于乐的教育形式。通过参与休闲体育活动，人们不仅可以锻炼身体，还可以学习到相关学科的知识。例如，在户外徒步中，人们可以了解自然环境和地理知识；在团队运动中，人们可以学习团队合作和沟通技巧；在健身锻炼中，人们可以了解身体结构和运动原理等。这些知识不仅有助于个体的全面发展，也有助于培养人们的社会责任感和环保意识。

4. 休闲体育有助于构建和谐社会

休闲体育活动可以促进人与人之间的情感交流。在现代社会，随着城市化进程和生活节奏的加快，人与人之间的情感交流逐渐减少，社会关系变得冷漠和功利。休闲体育活动可以提供一个重要的平台，使人们通过共同的兴趣爱好和体育活动，促进情感交流，增进相互理解，加强社会联系，从而有助于构建和谐社会。

休闲体育活动可以促进团结合作。在参与休闲体育活动的过程中，人们因共同的兴趣爱好聚集在一起，建立起良好的社交关系和友谊。无论是户外徒步、健身锻炼还是团队活动，都为人们提供了一个互动的平台，使人们能够彼此交流思想、分享感受，增进相互之间的了解和信任，从而增强团队合作和社会凝聚力。

休闲体育活动有助于缓和社会关系。在现代社会，随着城市化和社会分工的加深，人们之间的社会关系变得越来越复杂。休闲体育活动可以提供一个平等的交流平台，不论怎样的社会地位、年龄、性别、职业，人们都可以通过休闲体育活动平等相待，互相尊重，消除彼此之间的隔阂和误解，缓和社会关系，促进社会的和谐发展。

休闲体育活动有助于促进家庭和谐。在现代社会，随着工作压力和生活琐事的增加，家庭关系面临着越来越多的挑战。休闲体育活动可以为家庭成员提供一个共同参与、共同享受的机会，增进家庭成员之间的亲情和情感联系。通过参与休闲体育活动，家庭成员可以共同度过愉快的时光，增进相互之间的理解和信任，增强家庭凝聚力，营造和谐温馨的家庭氛围。

第二章　休闲体育与心理健康

第一节　休闲体育对心理健康的影响

一、休闲体育可以提高自我认知能力

休闲体育作为一种非竞技性的体育活动，对认知能力的培养和提升具有积极的作用。认知能力包括注意、知觉、记忆、思维和想象等方面，而休闲体育活动的自由性和多样性为参与者提供了丰富的认知体验和锻炼机会。

休闲体育活动要求参与者按照自己的想法进行活动，并充分发挥自己的才能，这对注意力的培养起到了重要作用。在参与休闲体育活动的过程中，人们需要集中注意力，随时调整姿势和动作，以应对不同的情况和环境。例如，在射击瞄准时，参与者需要将注意力集中在狭窄的范围内，精确地瞄准目标。通过经常参与这样的活动，可以提升参与者集中注意力的能力，提高工作和学习效率。

休闲体育活动有助于增强知觉能力和身体感知能力。在进行休闲体育活动时，人们需要通过各种知觉来感知自己的身体状态和运动姿势，以及周围环境的变化。例如，在练习太极拳时，参与者需要身心放松，

通过呼吸和动作的协调来感知身体的状态，从而准确地进行拳法动作。通过经常参与这样的活动，可以提高参与者的身体感知能力和知觉敏锐度，增强对身体的控制和调节能力。

休闲体育活动对记忆和思维能力的提升也具有重要意义。例如，在进行棋类游戏等活动时，参与者需要运用记忆和思维能力来规划和执行自己的策略，分析对手的走法，预测可能的走势，并做出应对。通过经常参与这样的活动，可以有效地提高参与者的记忆和思维能力，增强逻辑思维和判断能力，培养解决问题的能力。

休闲体育活动有助于促进自我认知能力的提升。通过参与休闲体育活动，人们可以更加深入地了解自己的身体素质、兴趣爱好和潜在能力，进而形成更加全面和准确的自我认知。参与者可以通过体验和反思，逐步认识到自己的优势和不足，从而调整自己的认知和行为，提高自我意识和自我管理能力，促进个体的全面发展和成长。

二、休闲体育有助于情绪调节

（一）对焦虑、抑郁的调节作用

在紧张的工作和学习之中，人们往往会感到情绪低落和压力累积，而传统的被动休息可能并不能有效地改变这种情绪状态。相比之下，参与休闲体育活动则能够带来更积极的情绪调节和心理缓解。

休闲体育活动为人们提供了一种自由、积极的主动休息方式。在休闲体育活动中，人们不受外界压力和期待的束缚，可以自由选择参与的活动和方式，从而使紧张的大脑得到放松。这种主动参与的休息方式有助于人们从工作和学习的繁忙中解脱出来，转移注意力，减少负面情绪的累积，提升心情的愉悦度。

休闲体育活动带来的身体活动和锻炼有助于释放身体和心理的压力。在参与休闲体育活动时，人们通过运动释放体内积累的能量，促进血液循环，增强身体的耐力和免疫力。同时，休闲体育活动还能刺激大脑释放内啡肽等“快乐激素”，提升人们的情绪和心理状态，减轻焦虑和抑郁的情绪。特别是在户外的自然环境中进行休闲体育活动，更能让人们感受到大自然的美好和生机，从而缓解心理压力。

休闲体育活动给人们提供了一个忘却烦恼、释放心灵的机会。在休闲体育活动中，人们不必过多考虑胜负成败，而是专注于享受运动带来的乐趣。通过全身心投入休闲体育活动中，人们可以暂时忘记生活中的烦恼和压力，享受当下的快乐和愉悦，从而改善心情、调节情绪。此外，休闲体育活动中的团队合作和社交互动也为人们提供了交流情感、释放压力的渠道，可以增进人际关系，培养积极的心态。

（二）产生丰富的情绪体验

在户外进行休闲体育活动时，人们不仅能够欣赏到大自然的美景，还能够体验到活动本身所带来的乐趣与魅力，从而产生丰富的情绪体验。

自然环境中的美景常常能够唤起人们的愉悦和赞美之情。在阳光明媚的午后，蓝天白云，绿树成荫，清风徐来，这些美好的景象会使人们心情愉悦，感受到自然的宁静和祥和，从而产生一种愉悦的情绪体验。

休闲体育活动的内容丰富多彩，形式灵活多样，个体可以根据自己的爱好、兴趣和需要进行选择。无论是徒步旅行、骑行、登山，还是草地橄榄球等，都能够给人们带来不同的体验和感受。每一种休闲体育活动都有其独特的魅力和乐趣，参与者可以根据自己的喜好选择适合自己的活动方式，从而获得满足和愉悦。

休闲体育活动注重的是放松和享受，而不是竞争和对抗。因此，参与者在活动中不会有太大的压力和负担，能够以一种放松和自由的心态投入其中。在参与休闲体育活动的过程中，人们会感受到身体的舒展和放松，心情也会随之变得愉悦和轻松，从而产生一种愉悦和畅快的情绪体验。在参与休闲体育活动的过程中，人们常常能够忘我地投身其中，全身心地享受休闲体育活动带来的乐趣和愉悦。在参与休闲体育活动的过程中，人们会暂时忘记烦恼和压力，专注于活动本身，体验流畅和自在的感觉，从而产生一种愉悦和满足的情绪体验。

（三）休闲体育有助于培养良好的意志品质

休闲体育作为一种自由自主、轻松愉快的生活方式，有助于培养良好的意志品质。与竞技体育相比，休闲体育注重的是放松、享受和自我实现，而非竞争和胜负。因此，参与者可以根据自己的兴趣和喜好自由选择参与的项目、活动方式和时间，从而在活动中体验到自主性和自由度，培养出坚强、果敢、机智、吃苦耐劳、锲而不舍的意志品质。

休闲体育活动的自主性和自由度使参与者能够根据自己的意愿和想法选择参与的项目和活动方式。这种自主选择的过程本身就是对意志力的一种锻炼，参与者需要在各种选择中做出决策，并对自己的选择负责。这样的经历有助于培养参与者的坚强意志和果敢决断的品质。

在参与休闲体育活动的过程中，人们需要学会不畏困难、不怕挑战，展现出吃苦耐劳、锲而不舍的精神。有些休闲体育活动需要一定的耐心和毅力，如钓鱼需要等待和耐心、登山需要坚强的意志和不断超越自我的精神。通过参与这样的活动，参与者可以培养出耐心、坚持和不怕困难的品质。

自愿参与休闲体育活动的过程本身就是一种对意志力的锻炼。参与者在活动中会面对各种挑战和困难，需要不断克服自己的恐惧和犹豫，以积极的态度应对各种情况。这样的经历能够增强参与者的自信心和自尊心，使他们更加坚强和果断。

三、休闲体育可以促进健全人格的养成

我国的心理学界认为，人格是个体内在的动力组织及其相应的行为模式的统一体。人格的形成受到遗传、环境和个体经历等多种因素的影响，而健康的人格是个体心理健康的重要组成部分。如果人格出现问题，可能会导致严重的心理失衡和社会适应能力下降。有针对性地参加休闲体育活动，被认为是纠正心理缺陷、培养健全人格的有效心理训练方法

之一。

在参与休闲体育活动的过程中，个体根据自己的爱好、兴趣和需要选择活动的方式与内容，确定活动的强度，这为参与者提供了按照自己的想法进行活动和发挥自己的才能的机会。休闲体育的灵活性和多样性为个体的个性发展提供了平台，参与者可以根据自己的兴趣和能力选择适合自己的运动项目。这种个性化的参与方式有助于参与者认识和发展自己的个性特点，培养自信心和自尊心，从而促进健全人格的养成。

休闲体育活动强调的团结合作态度有助于培养积极向上的性格特征。在参与休闲体育活动的过程中，参与者通常需要与他人进行合作，共同完成任务或达成目标。这个合作过程不仅能够培养参与者的团队意识和合作精神，还可以提高他们的社交能力，从而有利于形成开朗、友善、乐观的性格。

休闲体育活动的参与过程也是一种心理调节的过程。在参与休闲体育活动的过程中，参与者可以释放压力、放松身心，减轻焦虑和抑郁情绪，从而改善心理健康。通过积极的活动体验，参与者能够建立积极的情感体验，培养稳定的情绪状态，有助于塑造健康的人格特征。休闲体育活动在稳定动机、思维方式、态度、信念和价值观等方面的培养也具有积极作用。参与者在活动中不断挑战自我、超越自我，从而可以培养坚持不懈的精神和积极向上的态度。同时，通过参与团队活动，参与者还能够建立正确的价值观和信念，形成积极的人生观和世界观，有利于形成稳定的人格特征。

四、休闲体育可以增强社会适应能力

（一）提高人际交往能力

随着社会的快速发展，人们之间的交流变得越来越少，很多人宁愿选择在电脑前自我封闭，也不愿意出去和他人交流，这种社会现象导致人与人之间的感情交流减少，人们逐渐变得孤独、冷漠和感情脆弱，而休闲体育活动可以扮演人与人之间情感桥梁的角色。

休闲体育活动可以提供一个人际交往的平台，通过参与休闲体育活动，人们能够以轻松愉快的方式与他人进行互动，共同享受运动的乐趣。在参与休闲体育活动的过程中，人们不受城市喧嚣和各种压力的干扰，能够更加真实地表达自我，增进彼此之间的了解。通过共同参与体育运动，人们更容易建立起亲密的关系，成为志同道合的朋友。

休闲体育活动有助于改善人们的心理状态，促进心理健康。在户外活动中，人们可以呼吸到清新的空气，享受自然的美景，释放紧张的情绪和压力。运动能够释放身体潜藏的能量，让人感受到愉悦和满足，从而改善心情和情绪状态。在这种轻松愉快的氛围下，人们更愿意坦诚相待，彼此敞开心扉，增进交流和沟通，减少心理隔阂和孤独感。

休闲体育活动有助于营造和谐的家庭和社会环境。通过参与休闲体育活动，人们能够建立起良好的家庭关系和社会网络，增进彼此之间的信任和理解。在共同参与体育运动的过程中，人们可以学会团结互助、公平竞争，培养良好的道德品质和价值观念。这些积极向上的特质不仅有助于家庭成员之间的和谐相处，也能够促进社会的稳定和发展。

（二）增强适应社会的能力

参与各种休闲体育活动有助于增强个体适应社会的能力，这是因为这些活动提供了丰富的社交机会，可以促进个体与他人之间的交流和互动。在参与休闲体育活动的过程中，人们有机会结识各种背景的人，学习如何与他人合作、沟通和协调，从而提高社会适应能力。

参与休闲体育活动可以让人们体验和学习不同的社会角色。在参与休闲体育活动的过程中，每个个体都有机会担任不同的角色，如领导者、组织者、参与者等，从而学习如何在不同的社交环境中表现自己、与他人协作，以及有效地解决问题。通过这些经历，个体可以更好地适应社会的多样性和复杂性。

参与休闲体育活动可以培养个体的社交技能和交往能力。在参与休闲体育活动的过程中，人们需要与他人进行合作、交流、分享，这可以促进人际关系的建立和发展。通过与他人的互动，个体可以学会如何与不同类型的人相处、如何倾听他人的意见、如何有效地沟通和解决冲突，这些都是社会生活中必不可少的技能。

参与休闲体育活动可以增强个体的自信心和自我认知能力。在参与休闲体育活动的过程中，个体不断地面对挑战和机遇，可以学会克服困难、挑战自我，从而提高自信心和自我认知能力。通过这种方式，个体能够更好地了解自己的优势和劣势，认识到自己的潜力和价值，从而更好地适应社会的需求和挑战。

参与休闲体育活动可以促进个体的身心健康，增强对外界刺激的适应能力。在户外活动中，人们可以呼吸到新鲜的空气，感受大自然的美好，这有助于缓解压力、减轻焦虑和抑郁情绪，提升心理素质和抗挫能力。同时，体育锻炼也能够增强身体素质，提高免疫力，使个体更加健康和有活力，从而更好地适应社会生活的各种挑战和压力。

第二节　心理健康对休闲体育的需求

一、减压和放松

现代生活节奏快、压力大，休闲体育活动作为一种有效的减压手段，日益受到人们的重视。随着工作、学习和生活压力的增加，越来越多的人开始意识到心理健康的重要性。休闲体育活动不仅能够强健身体，还能通过调节情绪、改善心理状态，帮助人们更好地应对生活中的各种挑战。

现代社会的快节奏生活让人们感到身心疲惫，每天面对繁忙的工作、复杂的人际关系和各种家庭事务，常常使人感到力不从心。长期的高压状态不仅会影响工作效率，还可能对身体健康造成损害。休闲体育活动，如瑜伽、太极拳和散步等，可以通过身体的运动和呼吸的调节，帮助人们达到放松的效果。例如，瑜伽通过一系列的伸展动作和呼吸控制，能够放松肌肉、缓解紧张，并在心理上带来平静感。太极拳则通过缓慢而有节奏的动作，让人们在运动中体会到内心的宁静。这些活动不仅可以减轻身体的疲劳，还能让心灵得到休息，从而更好地应对日常生活中的各种压力。

休闲体育活动能够改善人们的情绪状态。在面对压力时，人们往往会出现焦虑、抑郁、易怒等情绪问题，而适度的体育锻炼可以促进体内多巴胺、血清素等“幸福激素”的分泌，从而改善情绪。例如，跑步被称为“天然的抗抑郁药”，因为在跑步的过程中人体会分泌大量的内啡肽，这种物质能够带来愉悦感，减轻焦虑和抑郁的症状。散步同样是缓解压力的有效方式，尤其是在大自然中散步，不仅能够呼吸到新鲜空气，还能欣赏到美丽的景色，达到放松心情、舒缓情绪的效果。

休闲体育活动还能增强社交互动，提升心理健康水平。在快节奏的生活中，人们常常忽视了与家人、朋友的沟通和交流，而社交互动对于心理健康至关重要。通过参加集体性的休闲体育活动，如团队运动、俱乐部活动等，人们可以结识新朋友，拓展社交圈。这不仅有助于缓解孤独感，还能通过与他人的交流和互动分享彼此的经验和感受，从而获得情感上的支持和鼓励。例如，参加羽毛球、篮球等团队运动，不仅可以锻炼身体，还能通过与队友的合作和交流，增强团队意识和集体荣誉感，提升自信心和归属感。

除了直接的生理和心理效益，休闲体育活动还能够培养人们的自律和毅力。现代生活中，人们往往会因为各种诱惑和干扰，难以保持良好的生活习惯，而通过坚持参加休闲体育活动，人们可以养成规律的作息习惯，增强自律能力。这种自律不仅体现在体育锻炼中，还会表现在工作和生活的其他方面，可以帮助人们更好地管理时间，提高生活质量。

例如，每天早晨坚持跑步，不仅能够锻炼身体，还能让一天都充满活力和正能量，从而以更积极的态度面对工作和学习中的挑战。

休闲体育活动还能够提供一个宣泄压力和负面情绪的渠道。在高压环境中，人们需要一种安全、健康的方式来释放积压在心中的负能量。休闲体育活动，如拳击、跆拳道等，不仅可以锻炼身体，还能通过激烈的对抗和运动释放内心的愤怒和压力。与此同时，这些活动也能够培养人们的坚忍意志和抗压能力，使他们在面对生活中的困难和挫折时更加从容和坚定。

二、身心平衡和生活品质

（一）身心平衡

实现身心平衡对于心理健康至关重要，而休闲体育活动则提供了一个理想的途径来达到这一目标。在当今快节奏、高压力的社会中，个体往往面临着各种挑战和压力，导致身心失衡。而参与休闲体育活动可以让个体暂时摆脱这些压力，放松身心，达到身心平衡的状态。

休闲体育活动可以帮助个体将注意力集中在运动过程中，远离日常生活的压力和焦虑。在参与休闲体育活动的过程中，个体需要专注于动作的完成和技能的发挥，没有更多思考的时间。这种专注的状态可以使个体暂时忘却生活中的烦恼和困扰，让心灵得到片刻的宁静。

参与休闲体育活动能够缓解身体和心理的紧张感，促进身心放松。在参与休闲体育活动的过程中，身体会释放出多巴胺等神经递质，使个体感受到愉悦和快乐。同时，休闲体育活动还能够促进血液循环，加速新陈代谢，消耗体内的压力激素，从而减轻身体的紧张感，让个体感受到身心舒畅的愉悦感。

休闲体育活动也为个体提供了一个与自然和谐相处的机会。在户外的环境中，个体可以呼吸到新鲜的空气，感受到阳光的温暖，充分享受大自然的美好。这种与自然的亲近可以让个体感受到身心的平静和放松，使心灵得到净化和滋养。

（二）身体健康和体能提升

身体健康和心理健康之间存在着密切的联系，而休闲体育活动则是实现这一联系的关键环节。一个健康的身体不仅是心理健康的基础，还是体能提升的前提条件。通过参与休闲体育活动，个体不仅可以改善身体健康状况，增强体能和抵抗力，还能够在心理上获得诸多益处。

休闲体育活动对身体健康有着直接而积极的影响。运动可以促进血液循环，增强心脏和血管的功能，降低血压和血脂，预防心血管疾病的发生。此外，定期参与休闲体育活动还可以增加肌肉力量和灵活性，提高身体素质，预防和缓解关节炎、骨质疏松等慢性疾病。通过参与休闲体育活动，个体可以保持健康的体重和身体成分，降低患肥胖、糖尿病等代谢性疾病的风险，提升整体的身体健康水平。

休闲体育活动对体能提升具有重要意义。体能是指个体在身体运动和活动中所表现出的各项身体素质，如力量、耐力、速度、灵敏度等。通过参与各种形式的休闲体育活动，个体可以提升身体素质，增强身体的机能和适应能力。例如，有氧运动可以提高心肺功能和耐力水平，增强身体的持久力和抗疲劳能力；力量训练可以增加肌肉力量和爆发力，提升身体的爆发力和速度。通过定期的训练和锻炼，个体可以不断提升自己的体能水平，从而保持健康的身体状态。

身体健康不仅指没有疾病，还包括生理、心理和社会适应的良好状态。体能提升是指通过科学的锻炼和合理的生活习惯，使身体的各项机能得到增强，从而更好地应对日常生活和工作中的挑战。个体通过合理的运动，如跑步、游泳、瑜伽等，可以增强心肺功能，促进血液循环，改善新陈代谢，从而提高身体的免疫力，减少疾病的发生。科学研究表明，定期进行适量的体育锻炼有助于预防心血管疾病、糖尿病等慢性病。

（三）心理健康水平的提升

心理健康水平的提升在当今社会越来越受到关注。在快节奏、高压力的社会环境中，人们面临着各种各样的压力和挑战，如工作压力、人际关系问题、经济压力等，这些都可能对个体的心理健康产生不利影响。因此，寻找有效的方式来提升心理健康水平显得尤为重要。

休闲体育活动作为一种积极的生活方式，不仅对身体健康有益，而且对心理健康水平的提升也有着积极的影响。从心理学的角度来看，参与休闲体育活动可以促进身体内神经递质的释放，如内啡肽、多巴胺等，这些神经递质被称为“快乐激素”，能够改善个体的心情，缓解焦虑和压力。通过参与休闲体育活动，人们可以体验到愉悦感和放松感，从而提升心理健康水平。

除了直接影响神经系统的化学物质释放外，休闲体育活动还可以通过其他方式改善心理健康。休闲体育活动提供了释放情绪和压力的途径。在参与休闲体育活动的过程中，人们可以将注意力集中在运动上，从而暂时忘却生活中的烦恼和压力，体验心流状态，这有助于缓解紧张情绪和焦虑感。

参与休闲体育活动可以增强个体的自我认知和自信心。通过挑战自己的身体极限，克服困难和挫折，人们可以培养坚忍的意志和乐观的心态，从而提升心理韧性和抗挫能力。

休闲体育活动还提供了互动和交往的机会，这对于心理健康同样至关重要。在参与休闲体育活动的过程中，人们可以与他人建立起积极的互动关系，分享彼此的快乐和成就，获得社会支持，减轻孤独感和孤立感。通过参与团体运动或者集体健身活动，人们可以建立起情感联系，学习人际交往技能，从而提升心理健康水平。

三、认知功能和大脑健康

（一）促进神经元的生长和连接

休闲体育活动能够促进神经元的生长和连接，改善大脑的结构和功能，提高大脑的可塑性，有助于增强认知功能和大脑健康。

相关研究表明，适度的体育锻炼可以刺激神经元的生长和分化，增加神经元之间的连接，从而改善大脑的结构和功能，提高大脑的可塑性和适应性。在参与休闲体育活动的过程中，身体的运动和锻炼不仅促进了血液循环，还释放了大脑中的神经营养因子，如脑源性神经营养因子，这些因子可以促进神经元的生长和连接，增强大脑的功能。大脑的可塑性是指大脑适应环境变化并进行结构和功能调整的能力。适度的体育锻炼可以提高大脑的可塑性，使其更加灵活，并可以适应环境的变化。通过促进神经元的生长和连接，休闲体育活动可以增强大脑的可塑性，使其进一步提高学习和记忆能力。

（二）增强注意力和集中力

1. 提升注意力

运动对注意力的提升有着显著的积极影响。在参与休闲体育活动的过程中，个体需要集中注意力，并保持专注才能够有良好的运动表现。例如，在球类运动中需要迅速反应和准确判断，需要高度的注意力集中才能够做出正确的决策和动作。通过参与休闲体育活动，个体可以培养和提升专注能力，增强注意力水平。持续的运动训练可以刺激大脑中与注意力相关的区域，促进神经元之间的连接和信息传递，从而提高个体的注意力水平。注意力的提升不仅在运动中有所体现，更能够延伸到日常生活和工作中，帮助个体更好地应对各种挑战和任务。

2. 增强集中力

集中力是个体在面对任务时保持专注和持久性的能力。休闲体育活动可以增强个体的集中力，使其能够更好地应对各种挑战和任务。在参与休闲体育活动的过程中，个体需要集中注意力，并保持专注才能够有良好的运动表现。例如，在长跑过程中需要保持耐力和集中力才能够确保稳定的速度和正确的节奏。通过参与休闲体育活动，个体可以培养和提升集中力，增强持久性的注意力。持续的运动训练可以锻炼个体的意志力和毅力，使其能够克服困难和挑战，保持专注和坚持不懈。集中力的增强不仅有助于提高运动表现，更能够延伸到日常生活和工作中，提高个体的工作效率和生活质量。

随着生活节奏的加快和各种压力的增加，心理健康问题已成为现代社会的一大挑战。适度的运动可以有效缓解压力和焦虑，促进情绪的稳定和平衡。通过参与休闲体育活动，个体能够释放内在压力、放松身心，提升心理健康水平。适度的运动还能够增强个体的自信心和自尊心，提高抗挫折能力和情绪调节能力。在友好的氛围中，个体能够与他人共同享受运动的乐趣，感受来自团队的支持和鼓励，这种积极的社交互动有助于缓解心理压力，提高心理健康水平。

第三节　心理健康与休闲体育的互动关系

一、缓解压力与减轻焦虑

（一）社交支持与心理舒适

休闲体育活动不仅是一种锻炼身体的方式，还是一个社交互动的平台，通过团队或群体形式进行休闲体育活动，参与者之间可以建立友谊和情感支持系统。这种社交互动对于心理健康水平的提升至关重要，因为它创造了一个支持性的环境，让个体感受到彼此的理解和支持，从而提供更加舒适和愉悦的心理感受。

休闲体育活动可以提供共同的兴趣点和话题，促进参与者之间的交流和互动。在参与休闲体育活动的过程中，人们可以分享彼此的运动经验、技巧和感受，互相鼓励和支持，这不仅增强了参与者之间的情感联系，还有助于建立团队精神。通过与他人分享快乐和成就，个体可以获得认同感和归属感，从而提升心理健康水平。

休闲体育活动为个体提供了一个放松和愉悦的社交场所。在参与休闲体育活动的过程中，人们可以暂时忘却生活中的压力和烦恼，全身心投入其中，享受运动带来的愉悦和快乐。在这种放松的氛围中，人们更加开放和坦诚，更容易与他人建立起深层次的情感联系。通过与他人分享快乐的经历，个体可以感受到情感上的满足和愉悦，从而提升心理舒适度。

休闲体育活动还提供了一个共同的目标和挑战，促进了参与者之间的合作和团结。在团队运动或集体健身活动中，个体需要共同努力、相互配合才能达到共同的目标。这种合作不仅增强了参与者之间的团队凝聚力，还培养了个体的责任感和奉献精神。通过共同战胜困难和挑战，个体可以获得成就感和自豪感，增强自信心和自尊心，从而提升心理健康水平。

（二）身心放松与情绪调节

参与休闲体育活动不仅有助于身体健康，还可以对心理健康产生积极的影响，身心放松和情绪调节就是其中的重要方面。在参与休闲体育活动的过程中，人们将注意力都集中在体验活动的乐趣和挑战上，从而忽略了心理上的焦虑和压力，因此达到了身心放松的状态。

参与休闲体育活动可以帮助人们放松身心，从而缓解紧张和焦虑情绪。在参与休闲体育活动的过程中，身体会释放出一些有益的化学物质，如内啡肽、多巴胺等，这些物质能够改善个体的心情，提升情绪感受。此外，休闲体育活动还能够促进血液循环，加速新陈代谢，从而有助于排出体内的代谢废物和毒素，减轻身体负担，进而促进身心放松。休闲体育活动的愉悦感和放松感可以帮助人们调节情绪、改善心情，使人感觉更加轻松和愉悦。

在参与休闲体育活动的过程中，人们往往会体验到身心愉悦的状态，这种感受既来自身体活动所带来的快感和满足感，也来自与他人一起运动时的互动和交流。

身心放松的状态有助于改善睡眠质量，提升生活品质。通过参与休闲体育活动，人们可以消耗掉身体中的多余能量，释放紧张情绪，从而在睡前达到更加放松的状态，有助于入睡和深度睡眠。充足的睡眠对于身心健康至关重要，它能够帮助人们恢复体力和精力，调节体内的生理节律，提升免疫力和抵抗力，从而保持身心的健康和活力。

（三）自我意识和自我调节

参与休闲体育活动对于个体建立自我意识和提升自我调节能力具有显著的促进作用。在参与休闲体育活动的过程中，个体通过不断地感知自己的身体状态和情绪变化，逐渐培养出对自身的深刻认识，同时也学会了如何有效地应对压力和挑战。这种自我意识的建立和自我调节能力的提升不仅有助于个体更好地适应外部环境的变化，还对心理健康的维护和改善具有重要意义。

通过参与休闲体育活动，个体可以更加清晰地感知自己的身体状态。在参与休闲体育活动的过程中，个体会意识到自己的呼吸、心跳、肌肉的变化，以及身体各个部位的舒适度和不适感。这种身体感知能力的增强有助于个体更好地了解自己的身体状况，及时发现和处理身体上的不适，从而减少运动过程中的意外伤害和不适感。

通过参与休闲体育活动，个体可以更加敏锐地感知自己的情绪变化。在参与休闲体育活动的过程中，个体可能会经历情绪的波动，如兴奋、挫折、愉悦等，个体可以借此学会如何观察和理解自己的情绪反应，以及如何应对情绪的变化。这种情绪意识的提升有助于个体更好地管理情绪，避免情绪爆发和消极情绪的积累，从而提升心理健康水平。

通过参与休闲体育活动，可以培养个体有效应对压力和挑战的能力。在参与休闲体育活动的过程中，个体可能会面临各种各样的挑战和困难，如体力上的疲劳、技术上的难题、竞争上的压力等，个体可以借此培养战胜困难和挫折的勇气和毅力，学会积极应对和解决问题的方法。这种自我调节能力的提升有助于个体更好地适应生活中的各种挑战和压力，减少应激反应和负面情绪，提升心理韧性和抗挫能力。

二、情绪管理与心理调节

（一）身体活动与情绪调节

通过参与休闲体育活动，个体的大脑内会释放出多巴胺、血清素等神经递质，这对情绪调节具有重要作用。休闲体育活动不仅可以帮助人们转移注意力，减少负面情绪的影响，还能增强积极情绪的体验。因此，休闲体育活动被认为是一种有效的情绪调节途径，可以帮助人们缓解焦虑、抑郁等负面情绪，提升心理健康水平。

休闲体育活动通过促进神经递质的释放，有助于改善个体的情绪状态。在参与休闲体育活动的过程中，身体的活动会刺激大脑内多巴胺的释放，能够带来愉悦和满足的感受。此外，休闲体育活动还可以增加血清素的分泌，这是一种与情绪稳定和幸福感相关的神经递质，参与者可以借此体验到更加积极的情绪，如愉悦、满足、乐观等，从而缓解负面情绪，改善心情。

休闲体育活动可以帮助个体转移注意力，减少负面情绪的影响。在参与休闲体育活动的过程中，个体往往需要全神贯注地投入其中，专注于体验活动带来的感受和乐趣，从而暂时忘却生活中的烦恼和焦虑，这有助于个体远离负面情绪的困扰，使内心感到更加轻松和舒畅。同时，休闲体育活动还可以帮助个体充分发泄体内积压的负面情绪，如愤怒、压力等，从而减轻情绪的压力和负担。

（二）社交互动与情感支持

休闲体育活动的社交互动和情感支持在促进心理健康方面扮演着重要的角色，这些休闲体育活动往往以团队或群体的形式进行，参与者之间可以互相交流、分享经验，建立友谊和情感支持系统，这不仅有助于缓解压力、减轻负面情绪，还能够提升个体的心理韧性。

在参与休闲体育活动的过程中，人们可以找到志同道合的伙伴，共同享受运动的乐趣，从而在心理上得到慰藉和支持。休闲体育活动可以提供一个社交互动的平台，促进参与者之间的交流和互动。在团队运动或集体健身活动中，个体可以与他人共同参与各种活动，分享运动的快乐和成就，共同面对挑战和困难，这不仅能够增强参与者之间的情感联系和凝聚力，还可以带来情感上的满足和支持。通过与他人的互动和交流，个体可以感受到彼此的理解和支持，减轻孤独感和孤立感，提升心理健康水平。

休闲体育活动可以提供一个情感支持的平台，有助于个体缓解压力、减轻负面情绪。在参与休闲体育活动的过程中，个体可以与他人分享自己的快乐和烦恼，得到理解和支持，这不仅能够帮助个体更好地应对生活中的挑战和困难，减轻压力和负担，还可以提升心理韧性和抗挫能力。通过共同面对困难和挑战，个体可以获得成就感和自豪感，增强自尊心和自信心，进而提升心理健康水平。

休闲体育活动可以为个体提供一个建立友谊和情感支持系统的机会。在参与休闲体育活动的过程中，个体可以与合作伙伴建立起良好的友谊和团队精神，这不仅能够增强个体的社交能力和情感表达能力，还可以提升个体的幸福感和生活满意度。通过与他人建立起积极的情感联系和支持系统，个体可以更好地应对生活中的各种挑战和困难，提升心理健康水平。

（三）身心平衡与心流体验

休闲体育活动对于个体实现身心平衡和心流体验具有显著的促进作用。

休闲体育活动可以提供一个实现身心平衡的途径。在日常生活中，个体往往面临着各种各样的压力和挑战，这可能会给个体带来身心负担。而参与休闲体育活动则是一个有效的应对方式，可以让个体暂时远离这些压力和挑战，全身心地投入其中，放松身体，调整心态，实现身心平衡。

在参与休闲体育活动的过程中，个体可以将注意力集中在体验活动的乐趣和挑战上，暂时忘却烦恼和焦虑，体验内心的宁静。通过专注地投入休闲体育活动中，人们可以进入心流状态，此时人们会感受到时间放缓，忘却外界的压力和焦虑，体验愉悦和满足，这不仅有助于提升个体的心理素质，还能够增强个体的幸福感和生活满意度。

三、自我认知与自尊提升

（一）挑战自我与自我认知

休闲体育活动为个体提供了一个挑战自我的平台，个体可以借此不断尝试突破自己的身体极限，战胜困难和挑战，获得成就感。这种积极的经历不仅能够帮助个体建立对自己身体和能力的更准确的认知，还可以使个体意识到自己拥有超越想象的潜力，从而促进自我认知的提升。

休闲体育活动是一个挑战自我的过程。在参与休闲体育活动的过程中，个体常常面临着各种各样的挑战和困难，如提升体能、掌握技巧、克服恐惧等。通过不断地尝试和努力，个体可以逐渐突破自己的身体极限，提升自己的能力，获得成就感和满足感。这种积极的挑战经历可以帮助个体建立自信心和增强勇气，培养坚忍不拔的品质，从而更好地应对生活中的各种挑战和困难。

休闲体育活动有助于个体探索和认知自己的身体能力。通过参与各种形式的休闲体育活动，个体可以了解自己的身体状况和潜力，发现自己的优势和劣势。在挑战和尝试的过程中，个体不断地探索和发现自己的身体潜能，这不仅有助于个体建立自信心和自尊心，增强对自己的认同感，还能够更好地应对社会和生活的挑战。

休闲体育活动可以促进个体的自我成长和发展。通过不断地挑战自我，个体可以培养坚忍不拔、自律和毅力等良好品质，提升自我管理和控制能力。在参与休闲体育活动的过程中，个体还可以学会团队合作、沟通协调等社交技能，增强与他人的交流和合作能力，这不仅有助于个体提升心理素质，还可以增强社会适应能力，提升生活质量和幸福感。

（二）自我成长与心理健康

休闲体育活动不仅是一种锻炼身体的方式，更是一个促进个体自我成长和心理健康的重要途径。在挑战自我的过程中，个体不断获得成就感和满足感，同时还可以培养积极的心态和乐观的态度，这对于心理健康水平和幸福感的提升具有重要的促进作用。

休闲体育活动可以提供一个自我成长的平台。在参与休闲体育活动的过程中，个体常常面临着各种各样的挑战和困难，通过不断地尝试和努力，个体逐渐突破自己的身体极限，提升自己的能力，获得成就感和满足感，这可以帮助个体建立自信心和增强勇气，培养坚忍不拔的品质，更好地应对生活中的各种挑战和困难，从而实现自我成长。

休闲体育活动有助于个体培养积极的心态和乐观的态度。在参与休闲体育活动的过程中，当面对失败和挫折时，个体需要保持乐观的心态和积极的态度，通过不断地挑战自我、战胜困难，个体可以逐渐建立起更强的自信心，培养乐观向上的生活态度，这有助于个体更好地应对生活中的各种挑战和困难，提升心理健康水平。

第四节　促进心理健康的休闲体育活动

一、瑜伽与普拉提

瑜伽与普拉提是两种古老的连接身体与心灵的练习方法，它们通过各种体位法、呼吸法和冥想来促进身心的平衡与和谐。这些古老的练习方法不仅有助于改善身体柔韧性和力量，还能够缓解焦虑、减轻压力，提升心理健康水平。在现代社会，人们越来越重视心理健康，因此瑜伽和普拉提这样的休闲体育活动变得越来越受欢迎。

（一）瑜伽

瑜伽是一种历史悠久的修行方式，已经在全球范围内得到了广泛的认可和实践。它不仅是一种锻炼身体的方式，更是一种将身体、心灵和精神统一的修行之道。瑜伽的核心理念在于实现身心合一，通过体位法、呼吸法和冥想等练习，使个体提高身体的柔韧性、力量和平衡能力，同时调整呼吸和专注力，达到身心平衡的状态。

瑜伽式是瑜伽练习的核心，它包括各种身体姿势和动作，如扭转、伸展、弯曲等。这些瑜伽式有助于拉伸和放松肌肉，增强身体的柔韧性和灵活性，促进血液循环，改善身体的姿势和体态。通过不断地练习瑜伽式，个体可以逐渐提高身体的力量和平衡能力，增强身体的稳定性和耐力。

呼吸是瑜伽练习中至关重要的一环，瑜伽强调正确的呼吸方式可以调整身心状态，提升体内能量。通过深度、均匀的呼吸，个体可以放松身心，减轻压力和焦虑，提高专注力和内心的平静度。调息法的练习有助于清理呼吸道、提高肺活量，并且可以改善心血管系统的功能，有益于身心健康。

瑜伽还包括冥想练习，个体通过冥想可以进入一种深度的内在宁静状态。冥想有助于减轻压力和紧张情绪，增强内心的平静，有助于培养专注力和觉察力，提高个体的自我意识和自我觉察。冥想还可以促进大脑的放松和恢复，改善睡眠质量，增强个体的心理韧性和抗压能力。

1. 减轻压力和焦虑

在现代社会，人们经常面临着来自工作、生活等各个方面的压力和焦虑，这种持续的紧张状态可能会对身体和心理健康造成负面影响。而瑜伽作为一种身心合一的修行方式，通过深呼吸和冥想等练习，可以有效地帮助个体减轻压力和焦虑，达到身心平衡的状态。

瑜伽的深呼吸练习有助于放松身心，缓解紧张情绪。深呼吸是瑜伽练习中至关重要的一环，通过放慢呼吸的节奏，深入地吸气和缓慢地呼气，个体的身体和心灵可以进入一种放松的状态。在呼吸的过程中，个体将注意力集中在呼吸的节奏和感觉上，逐渐抛开杂念，从而减轻内心的压力和焦虑。练习深呼吸有助于平静思绪、调整情绪，使人感受到内心的平静。

冥想可以帮助个体专注于当下的练习，从而减轻内心的压力和焦虑。冥想是一种内省的修行方式，通过专注于呼吸、身体感受或特定的冥想对象，个体可以逐渐抛开外界的干扰和杂念，感受内心的平静。在冥想的过程中，个体可以观察自己的思绪和情绪，接受并放下心中的焦虑和紧张，从而达到身心平衡的状态。冥想还可以帮助个体培养内心的觉察力和自我意识，增强心理韧性，使人更加从容地面对生活中的挑战和压力。

2. 提升心理健康水平

练习瑜伽对提升心理健康水平具有显著的积极作用。通过练习瑜伽，可以促进大脑内啡肽的分泌，从而带来愉悦感和幸福感。此外，瑜伽还可以调节神经系统的功能，改善睡眠质量，减轻抑郁情绪，从而提升心理健康水平。练习深呼吸和冥想有助于平静心灵、放松身体，调节交感神经和副交感神经的平衡，从而提高睡眠质量，缓解失眠问题。同时，瑜伽还可以通过调节激素水平和神经递质的分泌，减轻抑郁和焦虑情绪，提升个体的心理健康水平。

3. 增强自我意识和情绪管理能力

瑜伽作为一种身心合一的修行方式，强调通过练习体位法和呼吸法来增强自我意识和情绪管理能力。在练习瑜伽的过程中，个体可以更好地感知自己的身体和情绪状态，从而培养自我意识和情绪管理能力。

在练习体位法时，个体需要注意身体的姿势和肌肉的拉伸，从而使身体得到舒展和放松。通过体位法的练习，个体可以感知身体的每一个部位，包括肌肉、关节和器官，从而更好地了解自己的身体状况，及时发现和处理身体的不适感。

在练习呼吸法时，个体需要通过深入的呼吸来调节情绪和心理状态，从而达到身心平衡与和谐。通过呼吸法的练习，个体可以观察自己的呼吸节奏、深度和频率，从而更好地了解自己的情绪状态，及时调节和平复情绪的波动。

（二）普拉提

普拉提作为一种以身体控制和力量训练为主的休闲体育活动，旨在改善身体的姿势、平衡、柔韧性和力量。与瑜伽类似，普拉提也是一种注重身心合一的修行方式，通过练习普拉提可以达到塑造健康的身体和平衡的心灵的目的。

普拉提的核心理念是强调身体核心肌群的训练。通过练习普拉提，个体可以有效地锻炼和加强核心肌群，从而改善身体的姿势和平衡能力。良好的姿势和平衡能力不仅可以减轻身体的压力和负担，还可以预防和缓解脊柱和关节问题，提升身体的健康水平。

在练习普拉提时，个体需要通过深入的呼吸来配合动作的完成，从而达到身心平衡与和谐。通过深呼吸的练习，个体可以放松身心，舒缓压力和焦虑情绪，提升心灵的平静度和舒适感。同时，深呼吸还可以增加氧气的摄入量，促进血液循环，改善身体的新陈代谢，增强身体的能量和活力。

1. 提高身体意识和改善姿势

普拉提作为一项健身运动，强调身体的控制和姿势的改善，以提高身体意识和优化姿势为核心目标。

通过一系列有计划、有条理的练习，普拉提可以帮助个体改善身体的整体状态，从而达到身心健康的目的。在练习普拉提时，个体需要通过有意识地控制身体的运动来完成各种动作。这种控制不仅体现在动作的精准度和稳定性上，更体现在个体对身体内部肌肉群的调节和协调上。

通过普拉提的练习，个体可以逐渐提高对身体各部位的控制能力，从而改善身体的协调性和灵活性，减少运动损伤的发生。在练习普拉提时，个体需要通过调整身体的姿势和动作来实现身体的优化和改善，包括改善站姿、坐姿、卧姿等各种姿势，使身体能够保持正确的对齐和平衡。

通过普拉提的练习，个体可以逐渐纠正不良姿势，增强身体的稳定性和支撑力，预防和缓解因不良姿势导致的各种健康问题。普拉提强调身体核心肌群的训练，通过有针对性的练习，可以增强个体核心肌群的力量和稳定性，提高身体的功能性和运动效率。这不仅有助于改善身体的整体状态，减轻腰背疼痛，改善姿势和体态，还能够提高身体的运动能力和生活质量。

2. 增强核心力量和身体控制

普拉提的核心理念是强调核心肌群的训练。所谓核心肌群，指的是身体的中心区域，包括腹部、腰部和背部等部位的肌肉群，这些肌肉是支撑身体的重要组成部分，对于保持身体姿势的稳定性、平衡性，以及身体控制能力至关重要。

通过普拉提的动作和呼吸练习，个体可以有针对性地锻炼和加强核心肌群。普拉提的动作练习通常涵盖了各个身体部位的练习，如平衡、伸展、弯曲等，这些练习能够有效地激活核心肌群，并促使其参与到动作的完成中。在进行普拉提动作练习时，个体需要保持身体的稳定性和平衡，这就需要核心肌群发挥作用，从而增强核心力量和身体的控制能力。

一个强壮的核心不仅可以改善身体的姿势和平衡，还可以提升个体的自信心和情绪稳定性。当身体处于稳定状态时，个体会感到更加自信和坚定，这有助于提升自信心。此外，通过普拉提的练习，个体可以更好地感知自己的身体状态和动作过程，培养身体的控制能力和意识，从而提升整体的身体控制水平。

除了身体的控制能力，普拉提还有助于提升情绪的稳定性。在练习普拉提时，个体需要集中注意力，保持专注，并且配合深入的呼吸来完成各种动作，这种专注的状态有助于缓解焦虑和压力，提升情绪的稳定性。同时，普拉提还可以促进血液循环，释放身体的紧张感，从而改善情绪状态，让个体感受到放松和愉悦。

二、球类运动

（一）羽毛球

羽毛球作为一项社交运动，融合了合作和竞争的元素，为个体提供了轻松愉悦的锻炼方式，同时也为人际交往和团队精神的培养提供了良好的平台。在羽毛球的比赛和训练中，个体既需要与队友密切配合、互相协作，也需要面对对手的挑战，这个过程中蕴含着丰富的社交互动和情感交流。

羽毛球是一项需要团队合作的运动。在双打比赛中，队友之间需要密切配合，共同应对对手的攻防。这种合作不仅考验个体的技术水平，更考验团队的默契和协作能力。通过与队友的互动，个体能够学会倾听、理解和信任，可以培养团队精神和合作意识，这对于人际交往和团队合作能力的提升具有重要意义。

羽毛球也是一项具有竞争性的运动。在比赛中，个体需要面对来自对手的挑战，需要学会应对各种情况，不断调整自己的策略和技术，争取最终的胜利。这种竞争不仅可以激发个体的斗志和竞争意识，还能锻炼个体的心理素质和应变能力。在竞争中，个体能够学会面对挑战时不气馁、不放弃，学会从失败中总结经验、吸取教训，这有助于提升个体的自信心，培养坚忍的性格。

羽毛球还是一项促进社交的运动。在比赛和训练中，个体与队友、对手及教练之间都有着密切的互动和交流。通过这些互动和交流，个体有机会结识新朋友，拓展社交圈，增进彼此的了解。在打羽毛球的过程中，个体能够轻松愉悦地与他人进行交流和分享，享受运动带来的乐趣和成就感，这有助于缓解压力、减轻焦虑，提升心理健康水平。

（二）网球

网球作为一项具有挑战性和互动性的运动，吸引了众多的爱好者参与其中。在网球比赛中，个体需要全面发挥自己的技能和智慧，不仅要瞄准对手的弱点，还需要灵活应对各种情况，这种挑战性让人乐此不疲。同时，与对手的竞争也是网球运动的魅力所在，每场比赛都是一次心理和技术上的较量，这种竞争不仅能够激发个体的斗志和进取心，还能够促进个体的成长和进步。

在网球场上，个体不仅可以挑战自我，不断提升自己的技术水平，还可以结识新朋友，拓展社交圈。无论是在比赛中还是在训练中，个体都有机会与其他网球爱好者进行交流和互动，分享彼此的经验和技巧。这不仅可以让个体感受到团队的温暖和支持，还可以拓展人际关系，为个体带来更多的快乐和满足感。

参与网球运动也有助于个体提升自信心和自尊心。在比赛中取得胜利或者克服困难的过程中，个体可以感受到成就感和自豪感，这种积极的情绪可以促进个体自信心和自尊心的提升。当出现失败的时候，个体也能够从失败中吸取教训，不断调整自己的状态和心态，培养坚忍不拔的品质。

网球是一种富有挑战性和刺激性的休闲体育活动，不仅可以锻炼个体的身体素质，还能够在心理层面上带来积极的影响。在比赛中，个体需要不断地挑战自己，突破自身的极限，从而提升自信心和自我认知。每场比赛都是一个机会，可以帮助个体了解自己的能力和不足，促使其不断进步和成长。

在网球比赛中，个体需要面对对手的挑战，这不仅是技术和体力的较量，更是一次心理层面的挑战。个体需要学会保持冷静，应对各种紧张和压力，这个过程可以增强个体的应变能力和心理素质。通过不断地与对手较量，个体可以更好地了解自己的情绪反应和心理状态，培养自己的心理韧性和稳定性，从而更好地面对生活中的各种挑战和困难。

在网球场上，个体不仅可以提升自身的技术水平，还可以与他人建立友好的竞技关系，共同享受比赛的乐趣和刺激。通过与对手的交流和互动，个体可以增强社交能力，拓展人际关系，建立持久的友谊。在比赛中，个体和对手之间不仅是竞争关系，更是一种相互尊重和支持的关系，个体可以学会团结合作，积极面对挑战，共同追求胜利。

（三）篮球

在篮球比赛中，个体不仅需要发挥自己的个人能力，还需要与队友进行默契的配合，共同努力争取比赛的胜利。

篮球运动可以有效地锻炼个体的身体素质。在比赛中，奔跑、跳跃、变向等动作都需要良好的体能支撑，因此篮球比赛是一项全身性的有氧运动，可以增强心肺功能，提高耐力和灵活性，同时也可以加强肌肉力量和协调能力，对于促进个体的身体健康具有显著作用。

篮球比赛可以增强个体的团队合作能力和培养个体的领导力。在比赛中，个体需要与队友密切配合，通过与队友共同面对比赛中的挑战和困难，个体可以培养自己的团队意识，学会倾听和理解他人，发挥自己的领导力和团队精神，从而提升自身的综合素质。

篮球比赛可以提升个体的心理健康水平。在比赛中，个体需要应对各种紧张和压力，需要保持冷静和专注，只有在心理上保持稳定才能够发挥出最佳水平。通过比赛中的互动和竞技，个体可以学会调节情绪、应对挑战，培养自己的心理韧性和抗压能力，从而更好地面对生活中的各种困难和挑战，保持积极乐观的心态。

篮球比赛需要队员之间密切的配合和协作。每个队员都有自己的职责和位置，需要共同完成防守和进攻任务。通过团队合作，个体能够学会倾听、理解和尊重他人。在比赛中，队员们需要不断地进行沟通和交流，共同商讨战术，调整阵型。在这个过程中，个体需要倾听队友的意见，理解他们的想法，并尊重他们的决定。通过这种合作与交流，个体可以学会与他人协作，培养良好的团队意识和合作能力。

篮球比赛可以帮助个体培养坚忍不拔的品质和团队精神。在比赛中，个体可能会遇到各种困难和挑战，但只要团队齐心协力、共同努力，就一定能够克服困难，取得胜利。这种坚忍不拔的品质和团队精神不仅能够在篮球比赛中体现出来，也会对个体的生活和工作产生积极的影响。

三、登山与徒步

登山与徒步是充满挑战与冒险的户外活动，它们不仅可以让人们欣赏到自然景观，体验户外生活的乐趣，还能够增强自信心、挑战自我，促进心理健康。在登山和徒步的过程中，个体可以接触大自然，感受自然的力量与美丽，从而达到身心平衡与和谐。

（一）登山

登山不仅是一项体力活动，更是一次对自我的挑战和征服。参与者在攀登险峻的山峰时，需要面对各种的困难和挑战，而这些困难和挑战不仅来自外在环境，更多的是来自内心的自我挑战。因此，登山不仅是一次攀登高峰的经历，更是一次征服自我的过程。登山过程中的各种困难和挑战不仅需要个体不断调整心态、保持耐心，更需要个体具备坚强的意志和乐观的心态。

在登山的过程中，个体可能会遭遇各种困难和挑战，只有保持乐观的心态才能够克服困难，顺利到达目的地。在登山的过程中，个体需要不断克服自己的恐惧和不安，从而增强自信心和自尊心。攀登高峰是一个需要勇气和决心的挑战，个体需要时刻准备应对突发情况。在登山的过程中，个体可以体验到大自然的神奇与美丽，以及与自然的融合。

1. 与自然亲密接触，感受自然力量

登山是一项与自然亲密接触的活动，它让人们置身于壮丽的自然景观之中，充分感受大自然的力量与美丽。在登山的过程中，个体可以欣赏到壮丽的山川河流、奇峰怪石，感受到清新的山风、凉爽的溪水，体验到大自然的鬼斧神工和无穷魅力。在登山的过程中，个体可以俯瞰山下的美景，观赏绵延起伏的山峦、蜿蜒流淌的河流、广袤无垠的森林等壮观景色。这些美景不仅让人心旷神怡，还可以激发人们对自然的敬畏和热爱之情，从而促进心理健康。

登山可以帮助个体放松身心、舒缓压力。在登山的过程中，个体可以远离城市的喧嚣与繁忙，置身于宁静的山野之中，尽情享受大自然的美景，这不仅可以帮助个体释放压力、减轻焦虑，还可以促进心理健康和身体健康。

登山还可以增强个体对自然的感知和认知。在登山的过程中，个体可以感受到山峰的陡峭、溪水的清凉、森林的茂密等，增强了个体对自然的感知和认知。同时，登山也可以激发个体对自然的热爱和保护之心，从而促进心理健康和环境意识的提升。

2. 培养耐心、专注力和毅力

登山是一项需要极大耐心、专注力和毅力的活动。在登山的过程中，个体往往会面临各种各样的困难和挑战，如陡峭的山路、恶劣的天气、疲劳和身体不适等。只有保持耐心、专注力和毅力，才能克服这些困难，坚持到达目的地。

登山需要个体保持耐心。攀登高峰并非一蹴而就的事情，往往需要长时间的坚持和努力。在登山的过程中，可能会遇到各种意想不到的困难和挑战，如崎岖不平的山路、恶劣的气候环境、突发的天气变化等，这些困难和挑战会考验个体的耐心。只有保持耐心，稳步前行，才能最终登上高峰。

登山需要个体保持专注力。在登山的过程中，个体需要时刻保持警觉，注意观察周围的环境和身体的状态。任何一点疏忽都可能导致意外的发生，因此个体需要时刻保持专注，集中注意力，确保安全。

登山需要个体保持毅力。在登山的过程中，个体可能会遇到各种困难和挑战，可能会感到疲惫、挫折甚至失望，这时只有坚持不懈，才能最终到达目的地。毅力是攀登高峰的必备品质，只有不畏艰难、不怕失败，才能战胜困难，取得成功。

（二）徒步

徒步是一项能够让人放松心灵、身临其境地感受大自然的活动。在现代快节奏的生活中，人们经常处于高压状态，徒步成了一种有效的减压方式。在徒步的过程中，个体可以慢慢地踏入大自然的怀抱，远离喧嚣，享受片刻的宁静与平和。徒步让人们能够漫步于大自然之中，与自然亲密接触。徒步通常选择在郊外、山林、乡村等环境中进行，参与者可以在清新的空气中徜徉，感受着风的轻拂、树木的摇曳和鸟语花香，身心仿佛被大自然环绕着，可以得到深度的放松。

徒步是一种放慢脚步的活动，可以让人们远离城市的喧嚣和忙碌，进入一种慢节奏的生活状态。在徒步的过程中，个体不再受时间的约束，可以根据自己的节奏来行走，尽情地欣赏沿途的景色，感受大自然的魅力。这种慢慢的行走可以让人们更加专注于当下，抛开烦恼和压力，享受身心的宁静与放松。

徒步也是一种锻炼身体的方式，可以促进血液循环、增强体质。虽然徒步相对轻松，但长时间的行走也能够消耗体力，让肌肉得到锻炼，促进新陈代谢。徒步不仅可以增强体魄，还可以释放体内积压的负面情绪，让人感到放松和愉悦。

1. 放松身心，缓解压力

徒步活动的魅力在于它能够帮助人们远离城市的喧嚣，融入大自然的怀抱，从而实现身心的放松与压力的缓解。

现代生活节奏较快，人们往往身心俱疲，压力巨大，而徒步作为一种简单且有效的户外活动，为人们提供了一个舒缓情绪、放松身心的天然疗法。徒步可以让人们有机会远离城市的喧嚣，融入大自然的怀抱。在城市生活中，人们经常受到来自工作、生活的各种压力和焦虑的困扰，往往难以得到片刻的宁静。而徒步则可以让人们有机会逃离这一切，在郊外、山林、乡村等自然环境中徜徉，享受大自然的宁静与美妙，心情也会逐渐变得轻松和愉悦。

徒步活动可以帮助人们放松身心，舒缓压力和焦虑。在徒步的过程中，个体可以慢慢地踏着自己的步伐，放松身体，释放压力。徒步的节奏缓慢而稳定，可以帮助人们不断呼吸着清新的空气，感受着脚底的接触，逐渐将心情平复，压力与焦虑也得以缓解。

2. 欣赏自然美景，感受自然力量

徒步是一项能够让人与自然亲密接触的活动，它让人们有机会置身于壮丽的自然景观之中，感受大自然的力量和魅力，从而带来心灵的愉悦与平静。

在徒步的过程中，人们可以或者沿着山间小道穿行，或者穿越原始森林，或者漫步在宁静的湖畔，这些都可以让人们感受到大自然的无限魅力。徒步让人们有机会欣赏到大自然的美景，无论是高山峻岭、蓝天白云，还是清澈的溪流、茂密的森林，都展现出了大自然的独特魅力。徒步者可以沿途驻足观赏，细细品味大自然的奇妙，感受身处其中的愉悦与满足。在大自然的怀抱中，人们能够暂时忘却生活中的烦恼与焦虑，全身心地欣赏大自然的美景。

徒步可以让人们感受到大自然的力量与神奇。在徒步的过程中，人们往往要面对各种困难和挑战，如险峻的山路、恶劣的天气等，这些可以让人们更加深刻地体会到大自然的强大力量，不仅使人们对自然充满敬畏，还可以激发人们对生活的热情与勇气。

3. 找回内心的平静与和谐

徒步可以帮助人们找回内心的平静与和谐。在大自然的怀抱中，人们可以远离城市的喧嚣与压力，放松心情，释放内心的疲惫。徒步过程中的孤独与宁静，让人们有机会反思自己的生活，思考人生的意义与价值。徒步不仅是一种身体上的锻炼，更是一种心灵上的修行，可以帮助人们找回内心的平静与和谐，重新与自然和自己建立联系。

第三章 休闲体育与身体健康

第一节 休闲体育对身体健康的影响

一、促进代谢和消耗热量

（一）控制体重

适度的休闲体育活动对于控制体重和减少脂肪堆积具有显著的益处。通过参与休闲体育活动，可以消耗身体储存的能量，从而有效地减少体内脂肪的堆积，帮助维持健康的体重，同时还可以改善新陈代谢，促进身体的健康与活力。休闲体育活动是消耗热量的有效途径。在进行休闲体育活动时，身体需要消耗能量以完成各种运动动作。无论是进行有氧运动，如慢跑、游泳等，还是进行力量训练，如举重、俯卧撑等，都会消耗大量的能量。此时身体消耗的能量会超过摄入的能量，从而促使身体分解脂肪来提供额外的能量，达到减肥和控制体重的效果。

休闲体育活动有助于提高基础代谢率。基础代谢率是指人体在静息状态下消耗的能量，此时身体消耗的能量主要用于维持基本生命活动的正常运行。通过进行定期的休闲体育活动，可以增强身体的肌肉量，进而提高基础代谢率。这就意味着身体在静息状态下消耗的能量会增加，从而更容易控制体重，并减少脂肪堆积。

休闲体育活动有助于改善身体的体脂分布。有氧运动，如跑步、游泳等，可以加速脂肪的燃烧，特别是对于腹部和臀部等部位的脂肪堆积有明显的改善作用。同时，力量训练可以增加肌肉质量，使得身体更加紧实。这种均衡的体脂分布有助于改善身体形态，提升自信心，有利于进一步加强健康的体重管理。

休闲体育活动对于心理健康的影响也间接地促进了体重的控制。运动可以缓解压力和焦虑，改善心情，减少因情绪波动而导致的过度进食。此外，参与休闲体育活动还可以增强自律和意志力，使个体更容易控制饮食和保持健康的生活方式。

（二）增强新陈代谢

通过参与休闲体育活动，不仅可以消耗能量，还可以激活身体的新陈代谢机制，提高身体的代谢水平，从而更有效地利用能量，加速代谢过程，有助于维持健康的体重和身体构成。

休闲体育活动可以加速基础代谢率。通过参与休闲体育活动，尤其是进行有氧运动和力量训练，可以增加肌肉的质量和数量，提高基础代谢率。肌肉组织比脂肪组织更活跃，消耗的能量更多，因此增加肌肉量可以促进更多的能量消耗，从而加速新陈代谢。

休闲体育活动可以提高身体的后效应代谢。后效应代谢是指运动结束后，身体继续消耗能量的现象。进行高强度的运动，如间歇训练和重复训练，身体可以在运动结束后的几个小时甚至更长时间继续处于代谢活跃状态，也就是即使运动结束了，身体也仍然在消耗能量，这有助于减少脂肪的堆积和维持健康的体重。

休闲体育活动还可以改善身体的能量利用效率。在参与休闲体育活动时，身体需要更多的能量来提供支持，因此身体会调整代谢途径，更有效地利用能量，这包括提高葡萄糖和脂肪的氧化率，加速代谢废物的排出，从而促进身体的代谢过程。这种能量利用效率的提高可以减少能量的储存，有助于维持健康的体重和身体构成。

休闲体育活动可以改善身体内分泌系统的功能，调节激素水平，进一步促进新陈代谢。休闲体育活动可以提高甲状腺素和肾上腺素等激素的分泌，加速身体的新陈代谢过程。同时，休闲体育活动还可以降低胰岛素水平，减少脂肪的合成，有助于控制体重和减少脂肪的堆积。

二、增强肌肉力量和骨密度

（一）增强肌肉力量

个体可以利用各种器械或自身重量进行练习，有针对性地锻炼不同的肌肉群，促进肌肉的生长。持续的力量训练不仅可以增加肌肉纤维的数量和大小，还可以提高肌肉的力量和耐力，从而改善身体的功能和体态。

力量训练能够刺激肌肉的生长。在进行力量训练时，肌肉组织受到挑战和负荷，从而引发肌肉纤维的微小撕裂和损伤。随着适当的休息和营养补充，身体会修复和重建这些受损的肌肉纤维，使其变得更加强壮有力。

力量训练有助于提高肌肉的力量和耐力。通过持续的力量训练，个体可以逐渐增加训练的强度，挑战肌肉组织的极限。这种持续的刺激可以促使肌肉适应新的强度并变得更强壮，提高肌肉的力量和耐力水平。

力量训练可以改善肌肉的协调性和灵活性，增强运动表现和功能。力量训练对于身体健康和改善体态具有积极影响。随着肌肉的增长，个体的身体构造会变得更加紧实和结实。良好的肌肉力量可以支撑身体，减轻关节和骨骼的负担，降低受伤的风险。此外，增强肌肉力量还可以提高基础代谢率，促进脂肪的燃烧，有助于控制体重和改善身体的形态。

力量训练对于心理健康也有积极的影响。通过参与力量训练，个体可以获得成就感和自信心，增强自我认知和自尊心。同时，力量训练也可以缓解压力和焦虑，改善心情和睡眠质量。这种积极的心理体验有助于提升个体的心理健康水平，增强心理韧性和抗挫能力。

（二）改善体态

通过参与力量训练，个体可以塑造出健康、结实的肌肉线条，提高身体的稳定性和协调性，从而改善姿势和体态，减少姿势不良和腰背疼痛等问题。

力量训练有助于塑造健美的肌肉线条。通过进行力量训练，个体可以有针对性地锻炼不同的肌肉群，促进肌肉的生长。久而久之，身体会逐渐呈现出更加匀称和健美的轮廓。良好的肌肉线条不仅可以提升外观美感，还可以增强自信心和自尊心，改善个体的整体形象。

力量训练有助于提高身体的稳定性和协调性。通过锻炼核心肌群，个体可以增强身体的稳定性，减少因为姿势不良或者肌肉不平衡而引发的身体不适和损伤。良好的稳定性和协调性可以使个体在日常生活中更加灵活自如，减少姿势不良和腰背疼痛等问题，从而改善体态。

力量训练可以提高身体的功能性强度。功能性强度指的是身体在执行日常生活活动时所需的力量水平。通过进行力量训练，个体可以增加肌肉的力量和耐力，提高身体的功能性强度，使得进行日常生活中的动作时更加轻松自如。良好的功能性强度不仅可以提升生活质量，还可以预防因为肌肉功能下降而引发的老年病等问题。

力量训练对于心理健康也有积极的影响。通过参与力量训练，个体可以获得成就感和自信心，增强自我认知和自尊心。同时，力量训练也可以缓解压力和焦虑，改善心情和睡眠质量。这种积极的心理体验有助于提升个体的心理健康水平，增强心理韧性和抗挫能力。

（三）促进骨密度增长

力量训练类休闲体育活动对于促进骨密度增长、预防骨质疏松和骨折具有重要作用。通过参与力量训练类休闲体育活动，个体可以对骨骼系统施加负荷，从而刺激骨细胞的生长和活动，增加骨密度，使骨骼更加健康和坚固，这对于预防骨质疏松症等骨骼相关疾病具有重要意义。

力量训练类休闲体育活动通过增加骨骼负荷来促进骨密度增长。在进行力量训练类休闲体育活动时，个体需要承受肌肉对骨骼的拉伸和压力，这种负荷刺激了骨细胞的增殖和成熟，促进了骨密度的增长。特别是在进行重量训练时，肌肉的力量对骨骼系统提出了挑战，迫使骨骼适应性地增加密度，从而提高了骨骼的强度和耐久性。

力量训练可以增加骨骼的横断面积。通过进行负重训练，可以刺激骨骼周围的肌肉和韧带，增加骨骼的横断面积，这可以提高骨骼的稳定性和抗压能力，减少因为外力作用而导致的骨折和损伤的风险。因此，力量训练对于保持骨骼健康和预防骨折具有积极的效果。

力量训练可以提高骨骼的钙质沉积和吸收率。进行力量训练时，肌肉对骨骼的挤压作用会刺激骨骼肌细胞释放钙质，促进钙质的沉积和吸收，从而增加骨密度。钙质的沉积和吸收过程是骨密度增长的关键步骤，也是预防骨质疏松和骨折的重要措施。

力量训练对于心理健康也有积极的影响，这也间接地促进了骨密度的增长。通过参与力量训练，个体可以获得成就感和自信心，增强自我认知和自尊心。同时，力量训练也可以缓解压力和焦虑，改善心情和睡眠质量。这种积极的心理体验有助于提升个体的心理健康水平，增强心理韧性和抗挫能力。

（四）提高身体功能

参与力量训练类休闲体育活动对于提高身体功能具有重要意义。通过参与力量训练类休闲体育活动，可以强健肌肉，稳固骨骼，从而增强身体的功能性，并提高日常生活中的活动能力和工作效率，使个体更加健康和自信。

力量训练类休闲体育活动有助于强化肌肉和骨骼。在进行力量训练类休闲体育活动时，个体通过负重练习或使用器械进行肌肉锻炼，使肌肉得到适当的刺激和负荷，从而促进肌肉的生长。同时，施加负荷刺激了骨骼系统，增加了骨密度和韧性，使骨骼更加坚固。

力量训练可以提高身体的功能性。通过训练不同的肌肉群和提高肌肉力量，可以增强身体的平衡性、协调性和灵活性，提高日常生活中的活动能力和运动效率。力量训练还可以预防和减少因肌肉萎缩和骨质疏松而导致的身体功能下降。随着年龄的增长，肌肉和骨骼会逐渐流失，导致身体功能下降和日常活动能力的降低。通过定期进行力量训练，可以延缓肌肉和骨骼的流失速度，从而保持良好的身体功能和活动能力，提高生活质量。

力量训练对于心理健康也有积极的影响，这也间接地促进了身体功能的提高。通过参与力量训练，个体可以获得成就感和自信心，增强自我认知和自尊心。同时，力量训练也可以缓解压力和焦虑，改善心情和睡眠质量。这种积极的心理体验有助于提升个体的心理健康水平，增强心理韧性和抗挫能力。

（五）预防运动损伤

适度的力量训练对于预防运动损伤有着重要作用。通过进行力量训练，可以增强肌肉、韧带和关节的稳定性和弹性，从而减少运动损伤的发生。提高身体的稳定性和协调性是预防或减轻关节疼痛、肌肉拉伤等运动损伤的关键因素，这有助于保护身体健康。

力量训练可以增强肌肉的稳定性。在进行力量训练时，个体需要承受肌肉对骨骼的负荷，从而促进肌肉的生长。强健的肌肉可以有效地支撑和保护关节，减少关节受伤的风险。例如，强壮的大腿肌肉可以减轻膝盖关节的压力，降低因运动引起的膝盖损伤的概率。

力量训练可以增强韧带和关节的稳定性。通过进行多样化的训练，可以加强韧带和关节周围的支持结构，提高它们的弹性和稳定性。强健的韧带和关节可以有效地缓冲运动时的冲击力，减少关节扭伤和韧带损伤的发生。

力量训练可以改善身体的协调性。通过训练不同的肌肉群和提高肌肉力量，个体可以增强身体的平衡性、协调性和姿势控制能力。良好的协调性可以使个体在运动时更加稳定和流畅，减少因为动作不稳定而引发的意外伤害。

力量训练可以预防因肌肉萎缩和骨质疏松而导致的运动损伤。随着年龄的增长，肌肉和骨骼会逐渐流失，导致身体功能下降和运动能力减弱。通过定期进行力量训练，可以延缓肌肉和骨骼的流失速度，保持良好的身体功能和运动能力，减少因运动引起的损伤。

力量训练对于心理健康也有积极的影响，这也间接地有助于预防运动损伤。通过参与力量训练，个体可以获得成就感和自信心，增强自我认知和自尊心。同时，力量训练也可以缓解压力和焦虑，改善心情和睡眠质量。这种积极的心理体验有助于提升个体的心理健康水平，增强心理韧性和抗挫能力，减少运动时因紧张和焦虑而导致的意外伤害。

三、改善姿势和柔韧性

（一）改善姿势

久坐、久站等不良的姿势习惯可能会导致身体姿势的不良，如驼背、圆肩等。这些不良姿势不仅影响外在形象，还可能导致身体各部位的肌肉和骨骼负担不均衡，进而引发肌肉疼痛、关节问题等健康隐患。此时，休闲体育活动中的伸展、拉伸等动作可以发挥重要作用，帮助纠正这些不良姿势，使身体更加挺拔和优美。

休闲体育活动中的拉伸动作有助于改善身体的柔韧性和伸展性。通过拉伸背部、颈部、臀部等肌肉群，可以有效地舒展紧张的肌肉和韧带，缓解由于长时间保持不良姿势而导致的肌肉紧张和僵硬。这种拉伸能够使身体各部位的肌肉和韧带保持适当的张力，有助于纠正驼背、圆肩等不良姿势，使身体更加挺拔和舒展。

休闲体育活动中的伸展动作有助于增强身体的平衡性和对称性。通过进行各种伸展动作，可以有针对性地拉伸和放松身体不同部位的肌肉群，使身体的肌肉力量更加均衡，减少因肌肉力量不均衡而引发的不良姿势。例如，通过伸展背部和核心肌群，可以加强身体的稳定性和平衡性，减少因为躯干不稳而导致的驼背问题。

休闲体育活动中的核心训练也对改善身体姿势起到了积极作用。核心肌群是支撑身体姿势的关键，通过进行核心训练，个体可以加强腹部、背部和臀部等核心肌群的力量和稳定性，提高身体的姿势控制能力。强健的核心肌群可以帮助维持良好的身体姿势，减少因为躯干不稳而引发的不良姿势问题。

（二）增强柔韧性

休闲体育活动中的伸展和拉伸等动作对增强身体的柔韧性起着至关重要的作用。柔韧性的增强使得肌肉和关节变得更加灵活，活动范围更大，从而为身体健康和运动效率提供了重要保障。

休闲体育活动中的伸展和拉伸动作可以增加肌肉和韧带的弹性。在进行伸展和拉伸时，肌肉和韧带得到了拉伸和放松，可以促进血液循环和营养供应。随着时间的推移，经常进行伸展和拉伸的肌肉和韧带会逐渐变得更柔软、更有弹性，使身体的活动范围变得更大，动作更加流畅。

增强柔韧性有助于预防运动损伤和日常生活中的身体不适。柔韧性不足可能导致肌肉紧张和僵硬，从而增加运动时肌肉和韧带受伤的风险。通过进行伸展和拉伸动作，可以有效地缓解肌肉的紧张和僵硬，预防肌肉拉伤、关节扭伤等运动损伤。

此外，良好的柔韧性也可以减少日常生活中的身体不适，如颈部、腰部和肩部的僵硬和疼痛等问题。增强柔韧性还可以提高身体的运动效率。柔软、灵活的肌肉和关节使得身体在运动时更加顺畅、自如，减少了不必要的阻力和摩擦，提高了运动效率和身体舒适度。在参与休闲体育活动时，良好的柔韧性可以使动作更加标准、流畅，减少了因为肌肉僵硬和关节不灵活而导致的错误动作和运动损伤。

（三）减少肌肉紧张和不适感

久坐、久站等不良的姿势和生活习惯可能会导致肌肉紧张和不适感，如颈部僵硬、背部疼痛等问题。这些不适感不仅影响着日常生活的舒适度，还可能引发身体的疲劳和压力。

休闲体育活动中的伸展和拉伸等动作能够有效地缓解肌肉紧张和不适感，为身体带来舒适和轻松的感受。在进行伸展和拉伸时，肌肉可以得到放松，有助于缓解由于长时间保持不良姿势而导致的肌肉紧张和僵硬。特别是针对颈部、背部、肩部等容易肌肉紧张的部位进行拉伸，可以有效地舒缓肌肉的不适感，减轻疼痛和僵硬。

休闲体育活动中的动态伸展和舒缓放松动作可以帮助缓解因为工作压力和生活压力而引发的身体紧张和不适感。在进行动态伸展和舒缓放松动作时，能够帮助个体释放紧张情绪，放松身心，提升情绪状态，从而改善身体的舒适度和整体感受。

休闲体育活动中的伸展和拉伸动作还有助于改善姿势，减少因为不良姿势而引发的身体不适感。通过拉伸背部、颈部、臀部等肌肉群，可以纠正不良姿势，使身体保持良好的姿势和平衡，减少因为姿势不当而引发的疼痛和不适感。

（四）促进血液循环

休闲体育活动中的伸展和拉伸等动作对促进血液循环起着重要作用，这对维持身体的健康和活力至关重要。

休闲体育活动中的伸展和拉伸动作可以增加心脏的负荷，促进心血管系统的运作。在进行伸展和拉伸时，肌肉的运动会刺激心脏更加有力地泵血，推动血液在血管中流动，这可以有效地提高血液循环的速率和效率，从而更好地满足身体各个部位的氧气和营养需求。

休闲体育活动中的动态运动可以扩张血管，增加血管的弹性和通透性。随着身体的活动，血管壁会不断地收缩和舒张，这有助于促进血液在血管中的流动，防止血液在血管壁上积聚形成血栓。同时，增强血管的弹性和通透性有助于减轻心脏的负担，可以降低血压，降低心血管疾病的发生风险。

良好的血液循环有助于促进新陈代谢和废物的排出。当血液流动良好时，营养物质和氧气能够更快速地输送到身体各个部位，加速新陈代谢的进行，提高能量的利用效率。同时，血液中的废物和代谢产物也会更快地被排出体外，减少毒素在体内的滞留，有利于维持身体内部环境的稳定和清洁。促进血液循环还有助于提高免疫系统功能。良好的血液循环可以帮助免疫细胞更快速地到达感染部位，清除病原体，加强身体对疾病的抵抗力。因此，通过参与休闲体育活动，促进血液循环，不仅可以改善身体的健康状况，还可以增强身体的免疫功能，提高身体抵抗疾病的能力。

四、增强免疫力

（一）促进循环系统功能

适度的休闲体育活动对于促进循环系统功能起着重要作用，这对于维持身体的健康和活力至关重要。

徒步、游泳等休闲体育活动可以有效地维持心脏的健康和增强心脏的功能。在进行休闲体育活动时，身体需要更多的氧气和营养物质来满足肌肉的需求，因此心脏需要更加有力地泵血来推动血液流动。通过长期的有氧运动，心脏肌肉可以得到有效的锻炼，提高心脏的收缩力和扩张力，从而增强心脏的功能和耐力。

休闲体育活动有助于改善血管的健康和弹性。在参与休闲体育活动的过程中，身体的血管系统会受到挑战，血管壁会不断地收缩和舒张，以适应不同强度的运动负荷。通过这种动态的训练，血管的弹性和通透性得到提高，有助于降低动脉硬化和血管疾病的发生风险。

休闲体育活动可以促进血液循环。通过参与休闲体育活动，可以促进血液在体内的流动，增加血液流速，提高血液循环的效率。良好的血液循环有助于输送氧气和营养物质到身体的各个部位，促进新陈代谢的进行，同时也有助于排出体内的废物和毒素，保持身体内部环境的清洁和稳定。

促进循环系统功能有助于增强免疫系统功能。良好的循环系统功能能够帮助免疫细胞更快速地到达感染部位，清除病原体，从而加强身体对疾病的抵抗力。因此，通过参与休闲体育活动，促进循环系统功能，不仅可以改善心血管健康，还可以提高身体的免疫功能，增强身体抵抗疾病的能力。

（二）调节免疫细胞活性

适度的休闲体育活动对于调节免疫系统的功能起着至关重要的作用，其中包括调节免疫细胞的活性，如白细胞、淋巴细胞等。

适度的休闲体育活动可以促进免疫细胞的产生和分化。在参与休闲体育活动的过程中，身体会释放一些激素和细胞因子，如肾上腺素、肾上腺皮质激素等，这些物质可以刺激骨髓中造血干细胞的增殖和分化，进而促进白细胞和淋巴细胞等免疫细胞的生成。免疫系统中的免疫细胞数量因此得以增加，从而提高了机体对外界病原体的防御能力。

适度的休闲体育活动可以调节免疫细胞的活性。相关研究表明，适度的休闲体育活动可以提高免疫细胞的活性，包括增强其对病毒和细菌的识别和清除能力。这是因为休闲体育活动可以促进免疫细胞在体内的运动，使其更加敏锐地发现和攻击入侵的病原体，从而有效地清除潜在的疾病威胁。

适度的休闲体育活动还可以调节免疫细胞的分布和定位。在参与休闲体育活动的过程中，免疫细胞会在体内更加活跃地运动，从而更广泛地覆盖全身的各个部位，增强对病原体的监视和防御能力。因此，即使有病原体侵入体内，免疫系统也能够迅速地做出反应，加快病原体的清除过程，降低感染和疾病的发生风险。

适度的休闲体育活动还可以调节免疫系统的炎症反应。适度的休闲体育活动可以降低体内炎症因子的水平，减轻慢性炎症的程度，从而维持免疫系统的平衡状态。过度的炎症反应可能会导致免疫系统异常，引发自身免疫性疾病或炎症性疾病，而适度的休闲体育活动可以帮助调节这种炎症反应，降低患病风险。

（三）降低慢性炎症水平

适度的休闲体育活动对于降低机体内慢性炎症水平具有重要作用，这对于维持免疫系统的正常功能至关重要。

适度的休闲体育活动有助于降低慢性炎症水平。长期处于高压力状态或缺乏运动的人往往容易出现慢性炎症，这种炎症反应可能与生活方式、饮食习惯、环境压力等因素有关。适度的休闲体育活动可以通过多种途径降低慢性炎症水平，减少体内炎症因子的产生和释放，维持免疫系统的正常功能。

适度的休闲体育活动可以改善身体的代谢状态，从而降低慢性炎症的发生风险。慢性炎症往往与肥胖、糖尿病、高血压等代谢性疾病密切相关，而适度的休闲体育活动可以帮助控制体重、调节血糖和血脂水平，改善代谢功能。通过调整身体的代谢状态，可以减少慢性炎症的发生和发展，降低相关疾病的发生风险。

适度的休闲体育活动还可以减轻身体的压力和紧张感，从而降低慢性炎症水平。长期处于高压力状态的人往往容易出现免疫系统失调，导致炎症反应过度活跃。而适度的休闲体育活动可以帮助释放体内的压力和紧张感，促进身心放松，从而调节免疫系统功能，降低慢性炎症水平。

适度的休闲体育活动还可以促进身体的自然修复和恢复机制，有助于减轻炎症反应和加速炎症的治愈。休闲体育活动可以促进血液循环和新陈代谢，加速身体废物和毒素的排出，同时也可以促进免疫细胞的活动和修复，从而加速受损组织的修复和康复过程，减轻炎症反应的程度，促进身体的健康和康复。

（四）增加抗炎蛋白的产生

适度的休闲体育活动对于增加机体内抗炎蛋白的产生具有积极的影响，其中包括白细胞介素-6 等。

适度的休闲体育活动可以促进抗炎蛋白的产生。相关研究表明，休闲体育活动可以刺激机体内多种细胞类型产生抗炎蛋白，其中包括肌肉细胞、脂肪细胞、免疫细胞等。特别是在参与休闲体育活动的过程中，肌肉组织会释放出一系列信号分子，如白细胞介素-6 等，这些信号分子可以刺激免疫系统产生更多的抗炎蛋白，从而调节炎症反应，维持免疫系统的平衡状态。

适度的休闲体育活动可以调节炎症反应。适度的休闲体育活动可以帮助调节体内炎症因子的水平，维持免疫系统的平衡状态。相关研究表明，适度的休闲体育活动可以降低体内促炎因子的产生，增加抗炎因子的产生，从而减轻炎症反应，降低炎症相关疾病的发生风险。

适度的休闲体育活动可以增强机体的抵抗力，提高免疫系统功能。抗炎蛋白具有调节免疫系统功能的作用，能够抑制炎症反应，促进免疫细胞的活性，从而增强机体对外界病原体的抵抗能力。适度的休闲体育活动可以促进抗炎蛋白的产生，从而增强免疫系统功能，提高机体的抵抗力，预防感染和疾病的发生。

适度的休闲体育活动还可以改善身体的代谢状态，降低慢性炎症水平。慢性炎症往往与肥胖、糖尿病等代谢性疾病密切相关，而适度的休闲体育活动可以帮助控制体重、调节血糖和血脂水平，改善代谢功能，从而减少慢性炎症的发生和发展。

五、改善睡眠质量

（一）调整生物钟

休闲体育活动对调整人体生物钟具有显著的影响，可以帮助人体生物钟更加符合自然节律。

适度的休闲体育活动能够提高身体温度，促进人们在白天的觉醒状态。在进行休闲体育活动时，身体会产生热量，从而使体温升高，这可以增加人体对于清醒和活动的需求，使人在白天更加警觉和精力充沛。

这对于在白天完成工作、学习和其他活动具有重要意义，有助于提高工作效率和学习效果。休闲体育活动结束后，身体温度的下降有助于入睡。休闲体育活动结束后，身体温度会逐渐降低，这可以促进睡眠激素的分泌，如褪黑激素等，会促使身体进入睡眠的准备状态。

适度的休闲体育活动有助于建立更加规律的睡眠周期，提高睡眠的质量和效率。遵循规律的睡眠周期有助于身体维持健康的生物钟节律，从而提高睡眠的质量和效率。充足的高质量睡眠对于身体健康至关重要，不仅可以促进身体的修复和恢复，还可以提高免疫功能，增强心理健康，预防疾病。

适度的休闲体育活动可以改善心理健康，减轻焦虑和抑郁情绪，增强幸福感。进行休闲体育活动时释放出的内啡肽等神经递质可以改善心情，使人感到更加轻松和愉悦，有助于缓解压力和紧张情绪。心理健康与生物钟的调整密切相关，稳定的心理状态有助于维持健康的生物钟节律，进一步促进睡眠的规律性和质量。

（二）增强睡眠深度

适度的休闲体育活动对于增强睡眠的深度和连续性有着积极的影响。

适度的休闲体育活动可以增加慢波睡眠时间，慢波睡眠是睡眠周期中的一个重要阶段，它在身体的修复和恢复过程中起着关键作用。相关研究表明，定期进行适度的休闲体育活动可以促进慢波睡眠的产生和延长，使人更容易进入深度睡眠状态，并且在深度睡眠中停留的时间更长。深度睡眠时间的增加有助于促进身体组织和器官的修复，加速肌肉和神经的恢复，从而保持身体的健康和活力。

适度的休闲体育活动可以减少睡眠时中途醒来的次数，提高睡眠的连续性。相关研究表明，休闲体育活动可以调节人体生物钟，使其更符合自然节律，从而减少夜间醒来的次数。此外，在参与休闲体育活动时身体释放出的内啡肽等神经递质可以改善心情，使人感到更加轻松和愉悦，有助于缓解压力和焦虑情绪，进而改善睡眠的质量和连续性。

适度的休闲体育活动有助于调节身体的代谢和内分泌系统。休闲体育活动可以降低体内的应激水平，平衡神经内分泌系统的活动，从而有助于改善睡眠质量。休闲体育活动还可以促进体内各种生理过程的协调运作，维持生理环境的稳定，进一步增加睡眠的深度和连续性。

（三）减少失眠和睡眠障碍

适度的休闲体育活动对于减少失眠和睡眠障碍具有显著作用。久坐、缺乏体育锻炼的生活方式可能导致身体内部生理机制的紊乱，如睡眠周期的不规律、睡眠质量的下降等，这些问题可能会引发失眠和其他睡眠障碍。适度的休闲体育活动可以帮助调整身体的生理机制，恢复生物钟的规律性，促进睡眠周期的正常运转。

适度的休闲体育活动可以提高入睡和维持睡眠的能力。休闲体育活动有助于释放体内的能量和压力，减少焦虑和紧张情绪，促进身体放松和进入睡眠状态。此外，休闲体育活动还可以提高身体的耐力和抗压能力，使人在面对生活压力时更加应对自如，减少影响睡眠的外部因素。

适度的休闲体育活动还可以调节人体生物钟，使其更符合自然节律。进行休闲体育活动时产生的疲劳感和身体温度的升高会促使身体进入睡眠的准备状态，从而有助于调整睡眠周期。休闲体育活动结束后，身体温度的下降则有助于入睡，可以进一步提高睡眠的质量和效率。

（四）提高睡眠质量

适度的休闲体育活动被证明是提高睡眠质量的一种有效途径。良好的睡眠质量不仅体现在睡眠的深度、连续性和效率上，还反映在白天精力充沛、注意力集中等方面。现代生活中普遍存在睡眠质量下降的问题，部分原因是长期久坐、缺乏运动等。

适度的休闲体育活动可以帮助消耗体内多余的能量，促进身体各系统的调节和平衡，使身体更容易进入健康的睡眠状态。例如，进行有氧运动后，身体会释放出内啡肽等物质，有助于放松身心，进入深度睡眠状态，提高睡眠质量。

适度的休闲体育活动有助于缓解压力和焦虑，这也是改善睡眠质量的重要方式之一。现代生活节奏快、竞争激烈，许多人长期处于紧张和焦虑状态，导致出现入睡困难、浅度睡眠等问题。适度的休闲体育活动可以释放压力，促进身心放松，减少入睡困难和夜间醒来的次数，从而提高睡眠的连续性和深度。

休闲体育活动还有助于调节人体生物钟，逐渐形成正常的睡眠周期。规律的运动锻炼可以帮助身体建立良好的生物钟，使人更容易入睡，并且保持高质量的睡眠。

适度的休闲体育活动可以改善与睡眠相关的健康问题，如睡眠呼吸暂停症和轻度睡眠障碍等。通过参与休闲体育活动，可以增强呼吸系统和心血管系统的功能，减少睡眠呼吸暂停症的发作频率，提高睡眠的质量和连续性。

第二节 身体健康对休闲体育的需求

一、预防疾病

（一）心血管健康

心血管健康一直是人类身体健康的重要方面，并且心血管疾病是导致全球死亡率居高不下的主要原因之一。在当今快节奏的生活中，越来越多的人意识到保持心血管健康的重要性。适度的休闲体育活动被认为是维护心血管健康的重要手段之一，它不仅能增强心肺功能，还能促进血液循环，降低血压和胆固醇水平，降低动脉硬化和心脏病发作的风险。

身体健康对休闲体育的需求可以从多个方面来解释和理解。现代生活中久坐已成为常态，这会导致身体代谢下降、血液循环不畅、肌肉萎缩等问题，从而增加心血管疾病的发生风险。定期进行适度的休闲体育活动可以促进血液循环，减少因久坐而带来的心血管健康问题。

随着年龄的增长，人体的新陈代谢逐渐减慢，身体的各项机能也逐渐下降，这就需要通过适度的休闲体育活动来保持身体的活力和健康。例如，慢跑、游泳、骑行等有氧运动可以有效地提高心肺功能，增强心血管系统的适应能力，从而降低患心血管疾病的风险。

现代社会的竞争压力和生活压力也是导致患心血管疾病风险增加的重要因素之一。长期的紧张和焦虑会导致身体激素水平的紊乱，影响血液循环和心血管健康。而适度的休闲体育活动则被认为是缓解压力和释放焦虑的有效途径之一，通过运动释放身体中的内源性物质，如内啡肽和多巴胺等，增强心情愉悦感，从而降低心血管疾病的发生风险。

（二）预防糖尿病

糖尿病是一种严重的代谢性疾病，其患病原因与不良的生活方式、肥胖及遗传等因素密切相关。预防糖尿病的主要手段是选择健康的生活方式，而适度的休闲体育活动在这方面起到了重要作用。

适度的休闲体育活动有助于控制体重。肥胖是糖尿病发生的主要原因之一，而运动是控制体重的有效途径。通过定期参与适度的休闲体育活动，可以消耗多余的能量，增加肌肉质量，提高基础代谢率，从而有助于预防和减轻肥胖，降低患糖尿病的风险。

休闲体育活动有助于提高胰岛素敏感性。胰岛素是调节血糖水平的重要激素，而胰岛素抵抗是导致 2 型糖尿病发生的主要机制之一。通过参与适度的休闲体育活动，可以促进肌肉对葡萄糖的摄取和利用，提高胰岛素的敏感性，降低胰岛素抵抗的程度，从而有助于预防和控制糖尿病的发生。

适度的休闲体育活动还可以降低血糖水平。运动可以促进肌肉对葡萄糖的摄取和利用，减少血液中的葡萄糖含量，从而降低血糖水平。此外，运动还可以促进胰岛素的分泌，增强胰岛素的作用，有助于控制血糖在正常范围内波动，降低糖尿病的发生风险。

适度的休闲体育活动可以改善心血管功能，降低心血管疾病的发生风险。糖尿病患者往往伴随有心血管并发症，如心脏病和中风等。而适度的休闲体育活动可以促进血液循环，降低血压和胆固醇水平，减少动脉硬化和心血管疾病的发生，从而进一步降低糖尿病患者的心血管风险。

（三）肥胖管理

肥胖已经成为全球范围内的一个严重问题，它不仅影响个体的外在形象，还会增加多种慢性疾病的发病风险，如心血管疾病、糖尿病、高血压等。针对肥胖问题，适度的休闲体育活动被认为是一种有效的管理手段。

适度的休闲体育活动可以帮助个体消耗多余的能量。肥胖的主要原因之一是能量摄入超过能量消耗，导致脂肪堆积。通过参与适度的休闲体育活动，个体可以增加能量消耗，促进脂肪代谢，减少脂肪堆积，从而控制体重，减轻肥胖程度。

休闲体育活动有助于提高身体的代谢率。定期参与适度的休闲体育活动可以促进肌肉生长和修复，增加肌肉质量，提高基础代谢率，使身体在静息状态下也能消耗更多的能量，进一步促进脂肪燃烧，有利于减轻体重。

适度的休闲体育活动有助于改善身体组成。肥胖不仅是体重过重，还伴随着体脂率的增加和肌肉质量的减少。而休闲体育活动可以帮助个体塑造健康的身体形态，增加肌肉量，减少脂肪堆积，改善身体组成，使身体更加结实健康。

休闲体育活动还可以改善心血管功能，降低心血管疾病的发生风险。肥胖是引发心血管疾病的主要因素之一，而适度的休闲体育活动可以促进心血管系统的健康，降低血压和胆固醇水平，减少动脉硬化的发生，从而进一步降低心血管疾病的发病风险。

（四）控制血糖

控制血糖对于维持身体健康至关重要，特别是对于那些有血糖问题或患有糖尿病的人群。

适度的休闲体育活动被广泛认为是管理血糖的有效手段之一。休闲体育活动可以提高胰岛素的敏感性。胰岛素是一种重要的激素，它在调节血糖水平方面发挥着关键作用。但是长期不健康的生活方式和缺乏运动可能会导致胰岛素抵抗，即身体对胰岛素的反应性降低。通过参与适度的休闲体育活动，可以增加肌肉对葡萄糖的摄取和利用，提高胰岛素的敏感性，从而有助于控制血糖水平。

适度的休闲体育活动有助于促进葡萄糖的利用。运动可以刺激肌肉细胞对葡萄糖的摄取和利用，从而促进血糖的消耗和利用。通过参与适度的休闲体育活动，可以有效地消耗体内多余的葡萄糖，减少血糖在血液中的积累，有助于控制血糖水平，维持血糖在正常范围内的稳定。

适度的休闲体育活动还可以改善身体的胰岛素分泌。休闲体育活动可以刺激胰腺释放更多的胰岛素，促进葡萄糖进入细胞，并且降低血糖水平。通过定期参与适度的休闲体育活动，可以提高胰岛素的分泌水平，有助于控制血糖波动，降低糖尿病的发生风险。

休闲体育活动还可以改善心血管健康，降低心血管疾病的发生风险。心血管疾病是糖尿病患者最常见的并发症之一，而适度的休闲体育活动可以促进血液循环，降低血压和胆固醇水平，减少动脉硬化的发生，从而进一步降低心血管疾病的发病风险。

（五）改善血脂代谢

改善血脂代谢对于心血管健康至关重要，而适度的休闲体育活动被广泛认为是改善血脂代谢的有效方法之一。

适度的休闲体育活动有助于降低血清甘油三酯和低密度脂蛋白胆固醇水平。高水平的血清甘油三酯和低密度脂蛋白胆固醇是引发心血管疾病的主要因素之一，而适度的休闲体育活动可以促进脂肪的氧化代谢，减少肝脏对脂肪的合成，从而降低血清甘油三酯的水平。此外，休闲体育活动还可以促进低密度脂蛋白胆固醇的清除，减少其在血液中的浓度，降低心血管疾病的发生风险。

适度的休闲体育活动有助于增加高密度脂蛋白胆固醇水平。高密度脂蛋白胆固醇是一种良性的胆固醇，它具有清除血管壁上的胆固醇、预防动脉粥样硬化等作用。通过参与适度的休闲体育活动，可以促进高密度脂蛋白胆固醇的合成和分泌，增加其在血液中的含量，从而进一步降低心血管疾病的发生风险。

适度的休闲体育活动还可以改善血脂代谢的其他相关指标，如血清总胆固醇水平和胆固醇比例等。通过参与休闲体育活动，可以促进脂蛋白代谢的平衡，降低总胆固醇水平，改善胆固醇的分布比例，进一步降低心血管疾病的发生风险。

休闲体育活动还可以改善心血管功能，降低心血管疾病的发生风险。心血管疾病是血脂代谢紊乱的严重后果之一，而适度的休闲体育活动可以促进血液循环，降低血压和胆固醇水平，减少动脉硬化的发生，从而进一步降低心血管疾病的发生风险。

二、促进康复

（一）恢复肌肉和关节功能

恢复肌肉和关节功能对于康复期的患者来说至关重要，而适度的休闲体育活动被认为是帮助患有肌肉损伤或关节问题的患者进行康复的有效方法之一。

适度的休闲体育活动有助于增强肌肉力量。在康复阶段，肌肉通常因受伤或缺乏运动而萎缩和失去力量。通过选择适度的运动方式和强度，患者可以逐渐恢复受损的肌肉力量。例如，进行康复性的体操、瑜伽或温和的有氧运动可以有效地激活肌肉，并逐步增加肌肉的负荷和强度，从而促进肌肉力量的恢复。

适度的休闲体育活动有助于增强关节的稳定性和灵活性。关节损伤可能导致关节的不稳定性和活动范围受限，而适度的休闲体育活动可以帮助增强关节周围肌肉的支撑作用，改善关节的稳定性，并且通过适度的拉伸运动可以增加关节的灵活性，促进关节功能的恢复。

适度的休闲体育活动可以促进血液循环，加速康复过程。良好的血液循环对于营养物质的输送和废物的排出至关重要，可以促进受损组织的修复和康复。通过参与适度的休闲体育活动，可以增加心脏的收缩力和输出量，加速血液循环，提高受损组织的营养供应和废物的清除，从而促进肌肉和关节功能的恢复。

适度的休闲体育活动可以改善患者的心理状态，提高患者的康复积极性和康复效果。康复期常常伴随着焦虑、沮丧等负面情绪，而适度的休闲体育活动可以促进内啡肽等内源性物质的释放，增强心情愉悦感，缓解焦虑和抑郁，增强患者的自信心和积极性，从而更有利于康复过程的进行。

（二）改善心肺功能

改善心肺功能对于心脏疾病患者或进行心脏手术后患者的康复至关重要，而适度的休闲体育活动被认为是帮助患者改善心肺功能的有效途径之一。

适度的休闲体育活动可以增强心肺功能。心肺功能是人体的供氧能力和心血管系统的运作效率的综合体现。有氧运动，如步行、游泳、慢跑等，可以有效地提高心脏的泵血能力和肺部的氧气吸收能力，增加氧气供应，改善心肺功能。通过定期参与适度的有氧运动，可以逐渐提高心肺功能水平，促进康复过程。

适度的休闲体育活动有助于促进血液循环，提高氧气的输送效率。有氧运动可以促进心血管系统的健康，增加心脏的收缩力和输出量，加速血液循环，提高氧气的输送效率。通过增加氧气输送到身体各部分的速度和数量，有利于加速康复进程。

适度的休闲体育活动可以降低心脏负荷。有氧运动可以通过增加血管弹性和扩张血管，降低血压，减少心脏的负担。此外，适度的休闲体育活动还可以降低体重，改善体脂分布，减轻身体对心脏的负担，有利于心肺功能的恢复和提升。

适度的休闲体育活动可以改善心理状态，提升康复效果。心脏疾病患者或进行心脏手术后的患者常常伴随着焦虑、沮丧等负面情绪，而适度的休闲体育活动可以促进内源性物质的释放，增强心情愉悦感，缓解焦虑和抑郁，增强患者的自信心和积极性，从而更有利于康复。

三、延缓衰老

（一）骨骼健康

骨骼健康是身体健康不可或缺的一部分，而休闲体育活动对于促进骨骼健康有着显著的积极影响。随着人们生活方式的改变和社会压力的增加，越来越多的人开始关注包括骨骼健康在内的身体健康情况。休闲体育活动不仅可以带来愉悦的身心享受，还可以有效地增强骨骼的密度和强度，从而降低骨质疏松的风险，预防骨折和关节问题的发生。

有氧运动是促进骨骼健康的重要方式之一。有氧运动，如慢跑、游泳、骑行等，都能够提升心肺功能，促进血液循环，有助于骨骼组织吸收充足的营养，同时降低骨质流失的风险。通过进行有氧运动，骨骼中的钙质和其他矿物质可以更有效地被吸收和利用，从而增强骨密度，使骨骼更加强健。

力量训练也是维护骨骼健康的重要手段。力量训练主要包括举重、俯卧撑、仰卧起坐等活动，这些活动可以刺激骨骼生长，增加骨骼的强度和稳定性。通过进行力量训练，可以增强肌肉群的力量，提高身体的稳定性和平衡能力，从而降低摔倒和骨折的风险。此外，力量训练还可以促进骨骼组织的再生和修复，加速骨折愈合，使骨骼更加健康。

除了以上提到的有氧运动和力量训练，其他一些休闲体育活动也对骨骼健康有着积极的影响。例如，瑜伽和太极等活动可以增强身体的柔韧性和平衡能力，有助于预防关节问题的发生。另外，户外活动，如登山、徒步等不仅能够锻炼身体，还可以增加日照时间，有助于促进维生素 D 的合成，提高钙吸收率，进一步增强骨骼健康。

（二）抗氧化作用

抗氧化作用是维护身体健康的重要机制之一，而休闲体育活动对于增强人体的抗氧化能力起着至关重要的作用。随着生活水平的提高和环境污染的加剧，人们暴露于自由基等有害物质中的机会越来越多，因此加强抗氧化能力对于保护身体健康至关重要。休闲体育活动是一种自然而有效的方式，通过增加氧气摄取量，促进细胞新陈代谢，可以减少氧化损伤，保护细胞和组织的健康，延缓细胞老化和衰退的过程。

休闲体育活动能够增加身体的氧气摄取量。有氧运动，如慢跑、游泳、骑行等，都可以增强肺部功能，增加血液中氧气的含量，从而为细胞提供更多的氧气供应。充足的氧气供应不仅有助于维持细胞的正常代谢活动，还可以促进自由基的清除，减少氧化损伤的发生。

休闲体育活动可以促进细胞新陈代谢。在进行休闲体育活动时，身体会消耗更多的能量，从而促进细胞内部代谢产物的生成和排泄。这种代谢活动有助于清除细胞内的废物和有害物质，包括自由基等氧化物质，减少它们对细胞的损害。同时，休闲体育活动还可以促进血液循环，加速营养物质的输送和代谢产物的清除，有助于维持细胞内外环境的稳定性，保护细胞健康。

休闲体育活动可以增强人体内抗氧化系统的功能。抗氧化系统是由一系列抗氧化酶和抗氧化物质组成的防御系统，能够帮助身体清除自由基等有害物质，保护细胞免受氧化损伤。通过长期坚持适度的休闲体育活动，可以促进抗氧化酶的合成和活性，增强抗氧化物质的生成和作用，从而提高身体对氧化损伤的抵抗力。

第三节 身体健康与休闲体育的互动关系

一、培养健康生活方式

（一）身体健康与积极的生活态度

身体健康与积极的生活态度之间存在着密切的联系，而休闲体育活动则是两者之间的重要桥梁。通过参与休闲体育活动，个体不仅能够保持良好的身体状态，还能够培养积极的生活态度。这种积极的生活态度不仅源自身体和心理上的愉悦和满足，还来自对自身能力和潜力的认知和信心，从而使个体更加乐观、自信地面对生活中的各种挑战和困难，享受生活的美好和快乐。

身体健康与休闲体育的互动关系十分密切。休闲体育活动作为一种积极的生活方式，有助于促进身体的健康和健美。通过参与休闲体育活动，个体可以增强心肺功能，提高代谢水平，增强肌肉力量和耐力，改善身体的各项指标。这不仅带来了个体身体上的变化，如减轻体重、降低血压、改善睡眠等，还可以提升个体的自信心和自尊心，使其更加积极地面对生活的各种挑战和困难。

休闲体育活动可以带来身心愉悦和满足，从而培养积极的生活态度。在进行休闲体育活动的过程中，个体往往会感受到身体和心理上的愉悦和满足，如兴奋、放松、愉悦等，这不仅可以帮助个体摆脱负面情绪和压力，还可以增强个体的自信心和幸福感，使其更加乐观、积极地面对生活中的各种挑战和困难。通过参与休闲体育活动，个体可以释放自己的压力，放松身心，找到生活的平衡点，从而更加愉悦地生活和工作。

休闲体育活动可以促进个体的社交互动和情感交流，增强人际关系，从而培养积极的生活态度。在进行休闲体育活动的过程中，个体往往会结识各种各样的人，通过与他们进行交流和互动，个体可以感受到他人的支持和鼓励，增强自己的归属感和认同感，从而更加积极地面对生活中的各种挑战和困难。此外，休闲体育活动还可以促进家庭成员之间的交流和沟通，增进亲情，使个体更加珍惜眼前的生活，更加懂得感恩和满足。

（二）健康饮食与运动相结合

健康饮食与运动相结合是维持身体健康和培养健康生活方式的重要方法。参与休闲体育活动可以使个体更加关注健康饮食，因为活动后身体对营养的需求会增加，个体往往会更加注重摄取均衡的营养，选择健康的饮食方式。在日常生活中，增加蔬菜和水果的摄入，减少高糖高脂食物的摄入，有助于提供身体所需的营养物质，维持身体健康和促进健康生活方式的养成。

参与休闲体育活动可以增加个体对身体所需营养的认识。在进行休闲体育活动的过程中，身体会消耗大量的能量和营养物质，为了维持运动的持续性和提高运动效果，个体往往会更加关注自己的饮食习惯。个体会意识到身体对各种营养物质的需求，如碳水化合物、蛋白质、维生素、矿物质等，从而更加注重摄取均衡的饮食，以满足身体的需求。休闲体育活动结束后，个体对健康饮食的需求会增加。休闲体育活动结束后，身体的新陈代谢会加速，各种代谢产物和废物会增加，身体对营养物质的需求也会相应增加。因此，个体在休闲体育活动结束后往往会感到更加饥饿，这时选择健康的饮食方式变得尤为重要。个体会更加倾向于选择富含蛋白质、碳水化合物、维生素和矿物质的食物，如瘦肉、鸡蛋、豆类、全谷物等，以满足身体的能量和营养需求。

参与休闲体育活动可以促进个体形成健康的饮食习惯。在进行休闲体育活动的过程中，个体会体验到饮食和运动之间的密切关系。个体会意识到不良的饮食习惯会影响运动的效果和身体健康，因此会更加努力地调整自己的饮食习惯，选择更加健康的食物。随着时间的推移，这种健康的饮食习惯会逐渐成为个体生活的一部分，从而促进健康生活方式的养成。

运动和健康饮食相辅相成，相互促进。健康饮食为运动提供必要的营养物质和能量，使个体能够更好地进行运动，提高运动效果。而运动则增加了身体对营养的需求，促进了个体对健康饮食的关注和选择。因此，运动和健康饮食之间形成了一种良性循环，在维护身体健康和培养健康生活方式方面起着不可替代的作用。

（三）形成良好的运动习惯

通过定期参与休闲体育活动，个体会把这种运动习惯融入日常生活中，使其成为生活的一部分。这种良好的运动习惯不仅使个体更加主动地选择运动，还促进了健康生活方式的养成，从而带来身体健康与休闲体育互动关系的深化。

定期参与休闲体育活动可以使个体逐渐养成运动的习惯。开始时，个体可能需要一定的时间和动力来克服惰性，让自己保持参与休闲体育活动。但随着时间的推移，当运动成为生活的一部分，个体就会逐渐养成定期参与休闲体育活动的习惯，享受运动带来的身心愉悦和满足。在进行休闲体育活动的过程中，个体会感受到身体的活力和力量，心情也会变得愉悦和轻松，这将成为个体坚持运动的动力来源，使他们更加愿意定期参与休闲体育活动，享受运动带来的快乐和满足。良好的运动习惯促进了个体身体健康水平的提升。

通过定期参与休闲体育活动，个体不仅能够提高心肺功能，增强肌肉力量和耐力，还能够降低患慢性疾病和心血管疾病的风险，改善睡眠质量，增强免疫力。身体健康水平的提升进一步强化了个体对运动习惯的坚持，从而形成一个良性循环。

良好的运动习惯有助于个体培养健康生活方式。随着运动习惯的形成，个体逐渐认识到健康生活方式的重要性，他们会逐渐调整自己的生活方式，包括饮食习惯、睡眠习惯、心理调适等，从而更加全面地促进自己的身体健康。

二、提升生活质量

（一）身体健康与快乐生活的关系

身体健康与快乐生活之间存在着密不可分的关系。身体健康是实现快乐生活的基础，而休闲体育活动对身体健康的促进作用有助于个体享受生活的愉悦。身体的健康状态直接影响着个体的心理状态，而积极参与休闲体育活动可以释放身体中的愉悦激素，带来愉悦和快乐的体验。因此，身体健康与休闲体育活动之间存在着密切的互动关系，共同促进着个体的快乐生活。

身体健康是快乐生活的基础。只有当身体处于健康状态时，个体才能够充满活力、精力充沛地投入生活。健康的身体状态使个体能够更好地应对生活中的各种挑战和困难，可以更加轻松自如地享受生活的美好。相反，如果身体出现健康问题，无论是生理上还是心理上都会受到影响，个体会感到疲惫、无助和沮丧，无法体验到生活的快乐。

休闲体育活动对身体健康的促进作用有助于个体享受生活的愉悦。休闲体育活动不仅可以增强身体的机能和素质，还可以促进内心的放松和愉悦。在进行休闲体育活动的过程中，身体会释放出多巴胺、内啡肽等“愉悦激素”，带给身心愉悦和轻松的感受。这不仅可以帮助个体释放压力、放松心情，还可以提升个体的情绪状态，增强生活的幸福感和满足感。

身体健康和快乐生活之间存在着正向的循环关系。身体的健康状态会促进个体更加积极地参与休闲体育活动，享受运动带来的愉悦和快乐。而参与休闲体育活动又会进一步促进身体的健康，形成一个良性循环。通过长期坚持参与休闲体育活动，个体可以逐渐养成良好的生活习惯和健康的生活方式，从而更加全面地提升身体的健康水平，进一步增强快乐生活的基础。

身体健康与快乐生活之间的关系还体现在个体的心理状态上。当身体健康时，个体往往会感到心情愉快、精力充沛，能够更好地应对生活中的各种挑战和困难，从而更加轻松愉悦地享受生活。

（二）丰富生活内容与体验方式

休闲体育活动为个体提供了丰富多彩的生活内容和体验方式，无论是户外徒步、登山，还是室内篮球、羽毛球等，都可以让个体享受到不同的乐趣，丰富了生活内容和情感体验。这不仅有助于促进身体健康，还可以拓展个体的社交圈，提升生活质量，形成积极的生活态度。

休闲体育活动丰富了个体的生活内容。在日常生活中，个体可能会面临着各种各样的压力和挑战，常常会感到疲惫和焦虑，而参与休闲体育活动可以为个体提供一种放松和娱乐的方式，进一步丰富生活内容。

休闲体育活动提供了多样化的体验方式。不同的休闲体育活动具有不同的特点和魅力，个体可以根据自己的兴趣和爱好选择适合自己的活动方式。例如，喜欢户外探险的人可以选择徒步、登山等活动，享受大自然的美景和新鲜空气；喜欢团队合作的人可以选择篮球、足球等集体项目，体验团队协作的乐趣；喜欢独自挑战的人可以选择跑步、游泳等个体项目，挑战自己的极限。这些多样化的体验方式使个体能够更好地满足自己的需求，进一步丰富生活体验。

休闲体育活动可以拓展个体的社交圈。在参与休闲体育活动的过程中，个体会结识各种各样的人，他们共同追求着体育运动的乐趣和目标。通过与这些人进行交流和互动，个体可以建立良好的人际关系，增加参加社交活动的机会，拓展社交圈，进一步丰富生活的社交内容。社交圈的拓展不仅有助于个体获得支持和鼓励，还可以提升个体的社交技能和情感体验，增强生活的乐趣和幸福感。

休闲体育活动有助于个体形成积极的生活态度。通过参与休闲体育活动，个体可以感受到身体和心理上的愉悦和满足，从而更加乐观、自信地面对生活中各种的挑战和困难，形成积极的生活态度。这种积极的生活态度不仅有助于个体更好地应对生活中的各种问题和挑战，还可以提升个体的生活质量和幸福感，使其更加享受生活的美好和快乐。

第四节　促进身体健康的休闲体育活动

一、跑步

（一）增强心肌功能

跑步不仅可以提高心肺功能，还能够增强心肌功能，这对促进身体健康具有重要意义。在跑步的过程中，身体需要大量的氧气来满足运动时肌肉的需求，因此心脏需要不断地为身体输送血液，这有助于加强心肌的收缩力和弹性，提升心脏的工作效率，预防心血管疾病的发生。

跑步是一种有氧运动，可以有效地提高心肺功能。有氧运动是指运动时身体能够充分利用氧气来供应肌肉活动所需能量的一种运动方式。通过跑步，个体可以让心脏更有效地泵血，肺部更有效地吸氧，从而增强心肺功能，提高心肌的耐力水平。持续的有氧运动可以使心肌得到有效锻炼，逐渐增强其收缩能力和耐力，为心血管系统提供更有力的支持。

跑步可以增强心肌功能，提升心脏的工作效率。在跑步的过程中，心脏需要更快地跳动以满足肌肉活动的需要，从而促进了心肌的收缩力和弹性。随着跑步的进行，心脏逐渐适应并加强对身体的血液输送，提升心脏的排血量和灵活性，使其更为高效地运转。这种持续性的心肌锻炼可以增强心脏功能，降低患心血管疾病的风险，保护心脏健康。

跑步有助于促进血液循环，改善心血管系统的健康状况。在跑步的过程中，身体肌肉的运动需要更多的血液供应，因此心脏需要加快血液循环的速度，以确保足够的氧气和营养物质输送到全身的各个部位。这种持续性的血液循环不仅有助于清除体内的废物和代谢产物，还可以促进新陈代谢，改善身体的健康状况，增强免疫力，预防疾病的发生。

（二）预防心血管疾病

跑步作为一种有效的有氧运动，被广泛认为是预防心血管疾病的重要手段。通过持续锻炼心肺功能、增强心肌功能，以及促进新陈代谢，跑步有助于保护心脏和血管的健康，降低患心血管疾病的风险。

跑步可以有效提高心肺功能。在跑步的过程中，身体需要大量的氧气来供应肌肉的需求。为了满足这一需求，心脏需要不断地增加血液供应，肺部也需要更多地吸入氧气。持续的跑步训练可以逐渐增强心肺功能，使心脏更有效地泵血，肺部更有效地吸氧，从而提高心肺健康水平。

跑步有助于加强心肌功能。心肌是心脏的重要组成部分，其功能良好与否直接关系到心脏的工作效率和人体的健康状况。通过持续性的有氧运动，尤其是跑步，可以使心脏得到有效锻炼，增强心肌的收缩力和弹性。心脏因此能够更有效地将血液泵送到全身的各个部位，提升心脏的工作效率，预防心血管疾病的发生。

跑步有助于促进新陈代谢，改善血液循环，降低患心血管疾病的风险。通过持续性的有氧运动，身体的新陈代谢会得到改善，能量消耗增加，脂肪代谢加速。同时，跑步还会促进血液循环，增加血管弹性，预防动脉硬化和血栓的形成。上述因素共同作用，使得跑步成为预防心血管疾病的有效手段。

二、游泳

（一）锻炼全身肌肉

游泳作为一种全身性的运动，能够有效地锻炼全身肌肉，促进身体健康。在游泳的过程中，身体的各个部位都会得到充分的运动，包括腿部、背部、手臂等部位的肌肉都会得到加强，进而提高全身肌肉的力量和耐力。

游泳可以有效锻炼腿部肌肉。在游泳的过程中，腿部是身体的主要推进动力之一，需要不断地蹬水来推动身体前进。这些蹬水动作主要由大腿肌肉、小腿肌肉及臀部肌肉等协同完成，使得这些肌肉得到了充分的锻炼和拉伸。持续性的游泳训练可以增强这些肌肉的力量和耐力，使其更加强健有力。

游泳可以有效锻炼背部肌肉。在游泳的过程中，背部肌肉扮演着支撑和稳定身体的重要角色。无论是仰泳、蛙泳，还是蝶泳、自由泳，都需要背部肌肉发力来保持身体的姿势和稳定性。尤其是仰泳和蛙泳，更能够有效地锻炼背部的各个肌群，包括背阔肌、斜方肌等，使其得到充分的拉伸和强化，增强身体的稳定性和平衡能力。

游泳可以有效地锻炼手臂肌肉。在游泳的过程中，手臂需要不断地划水来推动身体前进，这需要依靠手部、肩部及胸部等部位肌肉的发力。尤其是自由泳和蝶泳，其划水动作更能够有效地锻炼手臂的各个肌群，包括肱二头肌、肱三头肌等，使其得到充分的运动和强化，提高手臂肌肉的力量和耐力。

游泳可以促进身体的柔韧性和协调性。在游泳的过程中，身体需要不断地做出各种姿势和动作，这需要肌肉的伸展和拉伸，可以促进身体的柔韧性和灵活性。同时，游泳的动作需要身体各部位协调配合，这可以提高身体的协调性和平衡能力。

（二）减轻关节压力

游泳作为一种关节友好型的运动，对于减轻关节压力、缓解关节疼痛和提高关节活动范围具有显著的效果，这使得游泳成为适合各年龄段人群的休闲体育活动，并且特别适合老年人和关节疾病患者。

游泳在水中进行，身体的重量会受到水的支撑，从而大大减轻了对关节的负担。相比于跑步、篮球等高冲击力的运动，游泳过程中水的阻力可以有效减少关节受力，降低关节的冲击和摩擦，减缓关节的磨损。

这对于关节疾病患者和老年人来说尤为重要，可以有效缓解关节疼痛和不适感，增加运动的舒适度。

游泳不仅可以增强肌肉的力量和耐力，还可以提高关节的稳定性和灵活性。游泳中的各种动作，如划水、蹬水、转身等，能够有效地加强关节周围的肌肉群，增强其支撑作用，减少关节的受力和压力，降低关节损伤的风险。游泳可以促进关节润滑液的分泌，保持关节的正常功能。在游泳的过程中，关节的运动会刺激关节周围的软组织，促进关节润滑液的分泌，从而增加关节的润滑性，减少关节的摩擦和磨损，提高关节的活动度和灵活性。这对于老年人和关节疾病患者来说尤为重要，有助于延缓关节退化的进程，减轻关节疼痛和不适感。

游泳可以增强心肺功能，促进血液循环，有助于减轻关节的肿胀和炎症。通过游泳，心肺功能得到有效锻炼，血液循环得以加强，从而促进了关节周围组织的新陈代谢和废物的排泄，减少了关节的肿胀和炎症，有利于关节的康复和修复。

三、骑行

（一）增强下肢肌肉

骑行作为一项对下肢肌肉极为有益的运动，对大腿、小腿、臀部等下肢肌肉的锻炼和强化具有显著的效果。在骑行的过程中，需要不断地踩踏脚踏板，这个动作能够有效地刺激和训练下肢肌肉群，使其得到强化。

骑行能够有效地锻炼大腿肌肉。在骑行的过程中，需要不断地用力踩踏脚踏板，这对大腿前侧的肌肉，如股四头肌等，起到了强化的作用。特别是在爬坡或加速时，对大腿肌肉的负荷加大，能够更加有效地刺激肌肉的生长。持续性的骑行训练可以使大腿肌肉得到有效锻炼，增强其力量和耐力，使其更加强健有力。

骑行可以有效地锻炼小腿肌肉。在骑行的过程中，除了用力踩踏脚踏板外，还需要不断地调整脚踏板的位置，这会有效地刺激小腿肌肉，如小腿前侧的胫骨前肌、小腿后侧的腓肠肌等。尤其在骑行过程中踏频较高时，对小腿肌肉的负荷加大，能够更好地锻炼小腿肌肉，增强其力量和耐力，使其更加强壮有力。

骑行能够有效地锻炼臀部肌肉。在骑行的过程中，需要不断地用力踩踏脚踏板，并保持身体的平衡和稳定，这会有效地刺激臀部肌肉的收缩和放松，从而起到强化臀部肌肉的作用。特别是在上坡或踩踏高阻力时，对臀部肌肉的负荷加大，能够更好地锻炼臀部肌肉，增强其力量和耐力，使其更加坚实有型。

除了直接锻炼下肢肌肉外，骑行还能够促进全身的循环和代谢，有助于减少脂肪堆积，提高身体的代谢水平，进一步增强下肢肌肉的力量和耐力。此外，骑行还是一种低冲击性的运动，减少了关节受力，降低了关节损伤风险，适合各年龄段的人群，是一种理想的促进身体健康的休闲体育活动。

（二）促进新陈代谢

骑行作为一种有氧运动，可以有效促进新陈代谢，这对于促进身体健康具有重要的益处。通过长时间的骑行，身体可以消耗大量的能量，加速脂肪的燃烧，有助于减少脂肪堆积，控制体重，并促进身体的新陈代谢。

骑行是一种有氧运动，能够有效增强心肺功能。在骑行的过程中，身体需要大量的氧气来供应肌肉的需求，从而促进心肺系统的工作。通过长时间的骑行锻炼，心肺功能可以得到有效的增强，提高身体对氧气的利用效率，加快新陈代谢的速度，使得身体能够更有效地燃烧脂肪和能量，促进身体的新陈代谢。

骑行能够有效地消耗体内储存的能量，加速脂肪的燃烧。在骑行的过程中，身体需要消耗大量的能量来维持运动，尤其是长时间、中低强度的骑行，能够更好地刺激脂肪的分解和燃烧。通过长时间的骑行锻炼，身体逐渐耗尽体内的碳水化合物储备，转而将脂肪作为主要的能量来源，从而有助于减少脂肪堆积，控制体重，并促进身体的新陈代谢。

骑行可以促进血液循环，加速新陈代谢产物的排出。在骑行的过程中，可以有效促进血液循环，血液能够更加快速地循环到全身的各个部位，将新陈代谢产物和废物排出体外。骑行过程中会出现大量排汗，身体会借机排出大量的代谢废物，如尿素、乳酸等，这有助于净化血液，促进身体的新陈代谢。

骑行可以提高身体的基础代谢率，使身体在静息状态下也能够更有效地消耗能量。通过长期坚持骑行锻炼，身体的肌肉质量会得到提升，基础代谢率也会得到提高，即便身体在静息状态下也能够保持较高的能量消耗水平，从而有助于长期控制体重，维持身体的健康状态。

第四章　休闲体育与社交健康

第一节　休闲体育对社交健康的影响

一、社区凝聚力

（一）共同兴趣促进联系

在快节奏的现代生活中，人们常常感到与社区、邻里之间的联系日益淡薄。然而，休闲体育活动作为一个共同的兴趣点，可以为社区成员提供重要的纽带和交流平台。

休闲体育活动可以提供一个自然的聚集地点，使得社区成员能够聚在一起，并建立友谊和互助关系。例如，健身俱乐部成为人们每天前往的地方，他们在那里会遇到熟悉的面孔，逐渐与他人建立友好关系。这种友好关系有助于增进社区成员之间的了解和信任，进而促进更深层次的交流和合作。通过参与休闲体育活动，人们能够更好地认识彼此，消除陌生感，建立更加紧密的社区联系。

休闲体育活动可以为社区成员提供共同的话题和兴趣点，促进交流和交往。在体育场馆或运动场上，人们可以分享运动经验和技巧，讨论最新的健身方法或者对比各种运动装备。这些话题不仅丰富了人们的交流内容，也增强了彼此之间的亲近感。通过共同的兴趣点，人们可以更轻松地找到与他人建立联系的契机，进而建立更为紧密的社区网络。例如，一群热爱篮球的年轻人可以在篮球场上讨论球技，交流比赛心得，逐渐形成默契和团队精神，这种默契和团队精神会延伸到日常生活中，加深彼此之间的友谊和信任。

休闲体育活动为社区成员提供了一种健康、积极的生活方式，有助于改善社区的整体氛围和品质。通过参与休闲体育活动，人们不仅可以锻炼身体、提升健康水平，还可以释放压力、缓解焦虑、增强心理素质。这种积极的生活态度和健康的生活方式会感染他人，激励更多的社区成员加入休闲体育活动中来，形成一种健康、向上的社区氛围。在这样的氛围中，人们更愿意相互支持、鼓励，形成一种良性循环，不断推动社区的建设和发展。

要想进一步发挥休闲体育活动在促进社区联系方面的作用，还需要社区、政府及相关组织的共同努力。社区可以组织各种休闲体育活动，为居民提供更多的参与机会。政府可以加大对体育设施和场地的建设投入，改善硬件条件，提升社区休闲体育活动的参与度和质量。同时，相关组织可以开展各种体育培训和推广活动，提升社区成员的体育素养和健康意识。

（二）友谊和互助关系的建立

友谊和互助关系的建立是参与休闲体育活动最为宝贵的财富之一。在休闲体育活动中，人们不仅仅是追求身体健康和锻炼，更是在共同的挑战和互相支持中建立深厚的友谊。通过参与休闲体育活动，人们有机会与邻里建立更加深入的友谊关系，这不仅加强了个体之间的联系，也促进了整个社区的凝聚力。

休闲体育活动可以提供一个自然的交流平台，使得人们能够更加轻松地与他人建立友谊。在运动场上，人们共同面对挑战，共同努力，这种共同经历会让人们更加亲近。通过分享运动的乐趣和挑战，人们会逐渐建立互相信任和支持的关系，并培养出真挚的友谊。

休闲体育活动也是人们互相支持和鼓励的重要平台。在参与休闲体育活动的过程中，每个个体都会遇到挑战和困难，这时邻里之间的互助关系就能够得到展现。无论是鼓励一位新手跑者完成他的第一次 5 公里跑步，还是帮助一位受伤的篮球队员回到场上，这种互相支持的精神都是休闲体育活动中最为宝贵的财富。通过互相支持和鼓励，人们不仅能够克服困难，更能够建立起彼此之间更加紧密的联系，从而共同成长、共同进步。

休闲体育活动还能够为社区的凝聚力提供重要支持。在运动场上，人们不分年龄、性别、种族，都可以共同参与、共同努力，这种合作和交流促进了社区内部的融合和团结。通过共同参与休闲体育活动，人们不仅能够建立起友谊和互助关系，还能够增强对社区的归属感和责任感，从而促进社区的和谐发展和共同进步。

要想在休闲体育活动中建立起真正的友谊和互助关系并不是一件容易的事情，这需要社区成员之间的信任和理解，需要彼此之间的包容和尊重，还需要大家共同遵守游戏规则，保持良好的体育精神和道德观念。只有在此基础上，才能够建立真正的友谊和互助关系。

（三）促进社区参与和互动

休闲体育活动作为社区参与和互动的重要平台，在增强社区凝聚力和活力方面发挥着关键作用。通过参与休闲体育活动，人们不仅可以积极融入社区生活，参与社区活动，还能够增强社区成员的社交健康水平，进而促进社区的发展和进步。

休闲体育活动为社区成员提供了一个共同的平台，让人们能够聚集在一起，共同参与各种休闲体育活动。在休闲体育活动中，人们可以结识新朋友，建立新的社交网络，拓展自己的社交圈。通过共同参与休闲体育活动，人们能够感受到彼此之间的共鸣和联系，增强对社区的归属感和认同感。

休闲体育活动为社区成员提供了一个互动的平台，让人们能够更加积极地参与社区活动，推动社区的发展和进步。在休闲体育活动中，人们不仅仅是活动的参与者，更是社区的建设者和推动者。通过参与休闲体育活动，人们能够感受到自己的价值和作用，增强对社区的责任感和使命感，从而更加积极地投入社区建设和发展中。

休闲体育活动有助于提升社区成员的社交健康水平，促进社区的良性互动和交流。在休闲体育活动中，人们不仅仅是为了锻炼身体，更是为了与他人进行互动和交流。通过与他人进行竞技或合作，人们能够增强自己的沟通能力、合作意识和团队精神，从而建立更为健康、积极的社交关系，这不仅有助于促进社区的和谐发展，还能够增强社区成员的心理健康和幸福感，使社区更加充满活力和生机。

要想进一步发挥休闲体育活动在促进社区参与和互动方面的作用，还需要社区、政府及相关组织的共同努力。社区可以积极组织各种休闲体育活动，提供丰富多样的参与机会，吸引更多的社区成员参与其中。政府可以加大对体育设施和场地的建设投入，提高社区休闲体育活动的参与度和质量。同时，相关组织可以开展各种体育培训和推广活动，提升社区成员的体育素养和健康意识。

（四）塑造积极的社区文化

休闲体育活动作为一种塑造积极社区文化的工具，在促进邻里之间的交流和合作方面发挥着重要作用。通过共同参与休闲体育活动，人们不仅培养了积极向上的生活态度和价值观，还建立起了彼此间的信任和尊重，进一步增强了社区的凝聚力。

休闲体育活动为社区注入了积极向上的生活态度和价值观。通过参与休闲体育活动，人们通常可以培养出坚忍、毅力和团队合作等品质，这些品质在日常生活中同样适用。例如，长期坚持晨跑的人可以培养出坚持不懈、勇于挑战自我的品质，而在团体运动中，人们则可以学会彼此信任、互相尊重，共同努力达成目标。这些积极的品质和态度不仅能够提升个体的生活质量，也会通过社区的传播和互动，逐渐渗透进整个社区文化中，塑造出一种积极向上的社区氛围。

休闲体育活动促进了邻里之间的交流和合作。在休闲体育活动中，人们无论是竞技比赛还是休闲锻炼，都需要彼此合作、配合，这种合作精神会延伸到日常生活中。通过参与休闲体育活动，人们有机会结识新朋友，拓展社交圈，增进彼此间的了解和信任。例如，在一场社区篮球比赛中，各种各样的人们可能因为共同的目标而团结一致，不仅建立了个体之间的友谊，也增强了社区内部的凝聚力。这种积极的交流和合作不仅有助于解决社区内部的矛盾和分歧，还能够促进社区的和谐发展和进步。

休闲体育活动也是建立社区信任和尊重的重要途径。在休闲体育活动中，人们需要相互信任和尊重才能够共同完成任务，取得成功。通过参与休闲体育活动，人们能够建立起彼此间的信任和尊重，增强社区成员之间的凝聚力。例如，在一场足球比赛中，队友们需要相互信任和互相支持才能够取得胜利。这种信任和支持不仅体现在比赛中，也会延伸到日常生活中，从而促进社区成员之间的相互理解与和谐相处。通过建立起彼此间的信任和尊重，人们能够更加坦诚地交流，更加愿意帮助他人，从而构建起积极向上的社区文化。

要想进一步发挥休闲体育活动在塑造积极社区文化方面的作用，还需要社区、政府及相关组织的共同努力。社区可以积极组织各种休闲体育活动，提供丰富多样的参与机会，吸引更多的社区成员参与其中。政府可以加大对体育设施和场地的建设投入，提高社区休闲体育活动的参与度和质量。同时，相关组织可以开展各种体育培训和推广活动，提升社区成员的体育素养和健康意识。

二、建立新友谊

（一）团队合作增进亲密关系

团队合作的重要性在休闲体育活动中尤为突出，因为这不仅是实现共同目标的关键，也是培养亲密关系的重要途径。

在足球、篮球等团队体育项目中，人们学会了如何与他人合作、互相支持和信任。这种团队合作的经历不仅有助于加深个体之间的亲密关系，还能够促进新友谊的建立。团队合作是培养亲密关系的重要方式。在团队体育项目中，人们必须相互合作才能取得胜利。通过与队友共同训练和竞技，人们可以逐渐建立起互相信任和支持的关系。在每个个体都为团队的成功而努力的过程中，个体之间的界限逐渐被打破，形成更为亲密的联系。这种共同努力和共同成长的经历，不仅加深了彼此之间的情感，也促进了团队之间的凝聚力和团结力。

团队合作培养了人们重要的社交技能和情感智慧。在团队体育项目中，人们学会了倾听、沟通、协调和妥协，这些都是建立良好人际关系的重要技能。通过与队友互动，人们学会了如何理解他人、尊重他人，以及如何处理人际关系中的冲突和矛盾。这些社交技能和情感智慧不仅在休闲体育活动中发挥着重要作用，在日常生活中也同样适用。

团队合作有助于促进新友谊的建立。在团队体育项目中，人们不仅与认识的朋友一起参与，还有机会结识新朋友。通过共同训练和比赛，人们逐渐建立起新的友谊和亲密关系。在共同奋斗和拼搏的过程中，人们逐渐了解彼此，形成共同的目标和价值观，从而建立起更为牢固的友谊关系，这不仅能够拓展个体的社交圈，还能够增强社区的凝聚力和活力。

要想进一步发挥团队合作在增进亲密关系方面的作用，还需要一些其他条件的支持。开展休闲体育活动时应该注重营造良好的团队氛围，鼓励队员之间相互尊重、信任和支持。团队领导者应该及时化解团队内部的冲突和矛盾，促进团队成员之间的和谐相处。同时，团队成员也应该积极参与团队活动，主动与队友沟通交流，建立良好的人际关系。

（二）共同经历促进信任

共同经历在促进信任和建立亲密关系方面具有深远的影响。休闲体育活动为人们提供了一个共享各种体验和挑战的平台。在参与休闲体育活动的过程中，人们共同努力和拼搏，不仅增强了彼此之间的联系，还建立起了信任和亲密感。在一起克服困难、实现目标的过程中，新的友谊得以建立和发展。

共同经历能够增强人们之间的情感联系。通过共同参与休闲体育活动，人们分享喜悦和成就感，这使得彼此之间的联系更加紧密。例如，在一场晨跑活动中，大家共同享受着清新的空气，进行着健康的运动，这种共同的体验会让人们感到彼此之间的亲近和融洽。在这样的共同经历中，人们会更加愿意彼此分享内心的感受和情感，从而建立起更为深厚的情感联系。

共同经历有助于建立信任和亲密感。在休闲体育活动中，人们必须相互信任、相互合作才能够取得成功。在共同努力和拼搏的过程中，人们逐渐建立起对彼此的信任和依赖。例如，在一场篮球比赛中，队友们需要相互信任、互相支持才能够取得胜利。这种信任和依赖不仅体现在比赛中，也会延伸到日常生活中，从而促进人际关系的和谐发展。通过共同经历，人们逐渐了解彼此，建立起信任和亲密感，从而增强彼此之间的关系。

共同经历有助于培养团队合作精神和凝聚力。在休闲体育活动中，人们必须团结一致、相互合作才能够取得胜利。在共同努力和拼搏的过程中，人们逐渐形成了团队意识和团队精神，增强了彼此之间的凝聚力和团结力。例如，在一场足球比赛中，队友们需要相互配合、默契合作才能够击败对手。这种团队合作精神不仅有助于提升团队的竞技水平，也有助于增强团队成员之间的友谊和亲密感。通过共同经历，人们逐渐培养出了团队合作精神和团队凝聚力，从而实现共同的目标和愿望。

要想进一步发挥共同经历在促进信任和建立亲密关系方面的作用，还需要一些其他条件的支持。开展休闲体育活动时应该注重营造良好的氛围，鼓励人们之间的相互信任和支持。团队领导者应该加强对团队内部的管理和沟通，化解团队内部的冲突和矛盾，促进团队成员之间的和谐相处。同时，个体也应该积极参与团队活动，主动与他人交流，建立良好的人际关系。

（三）提供社交平台

休闲体育活动能够提供一个自然的社交平台，在人们的日常生活中扮演着重要角色。在参与休闲体育活动的过程中，人们不仅可以享受运动带来的身体健康和愉悦，还能轻松地与他人进行互动和交流。与传统的社交场合相比，休闲体育活动更注重健康和积极的生活方式，为人们建立长久的、有意义的友谊提供了更为理想的环境。

休闲体育活动可以为人们提供一个自然的社交平台。参与休闲体育活动的人们往往具有相同的兴趣爱好和价值观，因此很容易找到志同道合的伙伴。在参与休闲体育活动的过程中，人们可以相互激励、互相支持，建立起深厚的友谊和信任。例如，在一场晨跑活动中，参与者可以一边欣赏清晨的风景，一边与他人进行交流，分享彼此的喜悦和快乐。这种轻松愉悦的氛围使得人们更加愿意打开自己，与他人进行真诚的交流和互动。

休闲体育活动注重健康和积极的生活方式，因此吸引了越来越多的人参与其中。在参与休闲体育活动的过程中，人们不仅可以锻炼身体，还能够结识志同道合的朋友，共同追求健康和快乐的生活。这种共同的生活理念和追求使得人们可以建立起更为牢固和有意义的友谊关系，为长久的社交关系奠定坚实的基础。

休闲体育活动有助于增强社区的凝聚力和活力。通过参与休闲体育活动，人们不仅能够建立起彼此之间的友谊和信任，还能够促进社区内部的交流和互动。例如，在一场社区篮球比赛中，各种各样的人们聚集在一起，共同享受篮球带来的快乐和激情，这不仅可以增强社区成员之间的凝聚力，还能够丰富社区的文化生活。通过参与休闲体育活动，人们可以更加积极地融入社区生活、参与社区活动，为社区的发展和进步做出自己的贡献。

要想进一步发挥休闲体育活动作为社交平台的重要意义，还需要一些其他条件的支持。社区应该积极组织各种休闲体育活动，提供丰富多样的参与机会，吸引更多的人参与其中。政府可以加大对体育设施和场地的建设投入，提高休闲体育活动的参与度和质量。同时，相关组织可以开展各种体育培训和推广活动，提升人们的体育素养和健康意识。

三、社交支持网络

（一）个体层面

在参与休闲体育活动的过程中，个体可以建立自己的社交支持网络，这对于个体层面的情感健康和心理健康具有重要意义。通过与其他参与者进行交流，分享运动经验和感受，个体能够感受到被理解和支持，从而提升自尊心和自信心，缓解焦虑和压力。

休闲体育活动为个体提供了一个与他人进行交流和分享的平台。在参与休闲体育活动的过程中，人们可以与其他参与者建立良好的关系，彼此之间相互支持、互相鼓励，并分享自己的运动经验和感受。例如，在一个健身俱乐部里，人们可以一起讨论如何正确进行器械训练，如何制订有效的健身计划，这种交流和分享不仅能够增进彼此之间的了解和信任，还能够互相激励、共同进步。

个体可以在参与休闲体育活动的过程中感受到被理解和支持。参与休闲体育活动的人们往往具有相同的兴趣爱好和目标，因此很容易产生共鸣，能够理解彼此的困惑和感受。例如，在一个晨跑小组中，人们可能会面临相似的挑战，如如何保持长时间的跑步耐力、如何克服早晨的惰性等，通过彼此的交流和分享，人们能够感受到被理解和支持，从而减轻心理压力，增强信心和勇气。

个体在参与休闲体育活动的过程中可以建立起自己的社交支持网络，这对于个体的心理健康和情感健康具有重要意义。一个良好的社交支持网络能够为个体提供情感上的支持和鼓励，帮助个体应对生活中的各种挑战和困难。例如，在一场篮球比赛中，个体可能会面临失败和挫折，但是通过与队友和教练的交流和分享，个体能够获得鼓励和支持，从而重新振作起来，继续前行。

（二）小团体层面

在参与休闲体育活动的过程中，人们往往会形成小团体，然后共同参与各种运动项目。这些小团体提供了一个更为紧密的社交支持网络，成员之间通过互相鼓励、支持和合作来实现共同的运动目标。小团体内的互动不仅加强了人际关系，培养了团队的合作精神，还提升了参与者的社交技能和沟通能力。

小团体提供了一个更为紧密的社交支持网络。在参与休闲体育活动的过程中，人们往往会与志同道合的人组成小团体，然后共同参与运动项目。这些小团体成员之间往往具有相似的兴趣爱好和运动目标，因此更容易产生共鸣，形成紧密的联系，他们互相鼓励、相互支持，共同应对挑战和困难，这使得他们的人际关系更加紧密，从而建立起一个稳固的社交支持网络。

小团体内的互动加强了团队合作精神。在参与休闲体育活动的过程中，小团体内的成员需要相互合作、协调配合才能够取得成功。通过共同训练和比赛，小团体内的成员逐渐建立起团队意识和团队精神，并学会了如何与他人合作、如何互相支持。在共同奋斗、共同拼搏的过程中，不仅个体之间加强了联系，还提升了小团体整体的凝聚力和战斗力。这种团队合作精神不仅体现在运动场上，也会延伸到日常生活中，为小团体内成员之间的相互支持和协作打下坚实的基础。

小团体内的互动有助于提升参与者的社交技能和沟通能力。在参与休闲体育活动的过程中，人们需要与小团体内的成员密切合作、有效沟通，这样才能够更好地完成任务和达成目标。通过与小团体内的成员进行交流和互动，参与者逐渐学会了如何理解他人、尊重他人、协调他人，并培养了良好的人际交往能力。在小团体中，人们学会了如何倾听、如何表达自己的观点、如何与他人合作解决问题，这些都是在社交互动中培养出来的重要技能和能力。

（三）社区层面

休闲体育活动在社区层面构建社交支持网络、增强社区凝聚力、促进社会和谐等方面具有重要意义。在参与休闲体育活动的过程中，人们不仅可以与运动场所内的其他人建立联系，还可以参与社区性的活动，与社区内的其他团体或者志愿者组织进行互动。

休闲体育活动在社区层面促进了社交支持网络的建立。参与休闲体育活动的社区成员往往可以在活动中建立亲密的联系和友谊。无论是在健身房、体育场馆，还是在户外运动场所，人们都有机会结识新朋友，与他们共同享受运动带来的乐趣。通过共同体验和互动，人们之间的关系不断加深，形成一个紧密的社交支持网络，这不仅增强了社区成员之间的联系，还提供了一个相互支持和鼓励的平台，可以帮助个体克服困难，实现个体的成长和发展。

休闲体育活动有助于增强社区的凝聚力。通过参与休闲体育活动，社区成员能够更加深入地了解彼此，增进彼此之间的信任和理解。无论是在运动场所内还是在社区性的活动中，人们都能够共同体验和享受乐趣和挑战，这不仅促进了社区成员之间的情感交流和互动，还增强了社区的凝聚力。通过参与休闲体育活动，社区成员之间可以建立更加紧密的联系和互动，为社区的发展和进步打下坚实的基础。

休闲体育活动为社区提供了一个促进社会和谐的平台。在运动场所内，人们不分年龄、性别、种族和职业，都能够平等地参与运动，享受运动带来的乐趣和健康。通过共同参与休闲体育活动，人们能够团结一致，共同促进社区的和谐与进步，这有助于减少社会的分裂和隔阂，促进社会的团结和稳定，为社区的可持续发展和繁荣做出了重要贡献。

四、减轻社交压力

（一）放松的氛围

放松的氛围是休闲体育活动的一大特点。休闲体育活动通常在轻松的环境中进行，如户外公园、体育场馆或健身房等。与传统的社交场合相比，这些地方往往更让人们感到放松和舒适。在这样的环境中，人们不仅可以尽情享受运动带来的乐趣，还能够与他人轻松地进行交流，建立亲密关系，使社交活动变得更加愉快和轻松。

休闲体育活动的放松氛围源于其自然和开放的环境。户外公园、体育场馆或健身房通常都是宽敞开放的空间，在这样的环境中进行运动，人们可以释放压力、放松身心，感到更加地愉悦。

休闲体育活动的放松氛围源于其无压力的运动环境。与竞技性质的运动不同，休闲体育活动更注重享受运动的过程，而不是追求胜利或成绩。在这样的环境中，人们不必为胜负而担心，也不必承受太大的压力，可以放松心情，尽情享受运动带来的乐趣。无论是慢跑、骑行，还是健身训练，人们可以根据自己的喜好和能力选择合适的运动方式，享受属于自己的放松时光。

休闲体育活动的放松氛围源于其可以促进交流的特点。在户外公园、体育场馆或健身房中，人们可以与他人轻松地进行交流，建立友谊和亲密关系。在参与休闲体育活动的过程中，人们可以一边交流一边运动，分享彼此的快乐和成绩，这种交流不仅增强了人际关系，还使得运动变得更加有趣和愉悦。

（二）强调享受和运动

参与休闲体育活动的重点通常是享受运动过程和体验身体的愉悦，而不是过多地关注社交方面的压力，这使得人们更容易放下防备，专注于活动本身。在这种放松的氛围中，人们能够真正地体验到运动所带来的愉悦和乐趣，从而提升身心健康，养成更加积极的生活态度。

参与休闲体育活动的重点是享受运动过程。与竞技性质的运动不同，休闲体育活动更加注重运动的乐趣和愉悦。无论是慢跑、散步、骑行，还是健身训练，人们可以根据自己的喜好和能力选择合适的运动方式，尽情享受运动带来的愉悦和快乐。在这种放松的氛围中，人们不必为胜负而担心，也不必承受太大的压力，只需专注于自己的感受和体验，尽情享受运动带来的种种益处。

休闲体育活动强调体验身体的愉悦。通过参与各种休闲体育活动，人们能够充分感受到运动带来的愉悦和快乐。在参与休闲体育活动的过程中，人们可以感受到肌肉的舒展、呼吸的舒畅、心情的愉悦，给人以极大的满足感。同时，通过运动释放身体的能量和压力，人们能够获得身心健康的提升，提高生活质量，保持积极的生活态度。

休闲体育活动注重放松心情，专注于活动本身。在参与休闲体育活动的过程中，人们不仅能够锻炼身体，还能够放松心情，忘却生活中的烦恼和压力。通过专注于活动本身，人们能够将注意力集中在身体感受和运动技巧上，从而减少了外界的干扰和压力，让心情变得更加放松和愉悦，这有助于提升个体的自我认知和情绪管理能力，培养积极的生活态度，从而更好地应对生活中的各种挑战和困难。

（三）自然融入社交圈

休闲体育活动为人们提供了一个自然的社交平台，使他们更容易融入社交圈。在参与休闲体育活动的过程中，人们有机会与其他参与者进行交流和互动，建立新的友谊，而这一切都在一个轻松和愉快的氛围中进行，使人们更容易融入其中。

休闲体育活动提供了一个轻松和愉快的社交平台。无论是在户外公园、体育场馆还是健身房，人们可以参与各种休闲体育活动，与他人共同享受运动带来的乐趣和快乐。在参与休闲体育活动的过程中，人们可以放松心情，尽情享受运动的过程，与其他参与者进行交流和互动，建立新的友谊和联系。与传统的社交场合相比，休闲体育活动更注重运动的乐趣和愉悦，而不是社交的压力和紧张，使人们更容易融入其中，享受社交的乐趣。

休闲体育活动为人们提供了一个共同的兴趣点。参与休闲体育活动的人们往往具有相似的兴趣爱好和运动目标，因此很容易找到志同道合的伙伴，建立共同的话题和交流内容。在参与休闲体育活动的过程中，人们可以互相交流，分享自己的运动经验和感受，建立亲密的联系和友谊。这种共同的兴趣点成为人们交流的桥梁，可以促进彼此之间的理解和沟通，使人们更好地融入社交圈，享受社交的乐趣。

休闲体育活动为人们提供了一个自然的社交场合。在参与休闲体育活动的过程中，人们往往会与其他参与者建立良好的关系，互相支持、相互鼓励，共同应对各种挑战和困难。在这样的氛围中，人们能够感受到彼此的理解和支持，建立亲密的友谊和联系。无论是在运动场所内还是在社区性的活动中，人们都可以在休闲体育活动中享受社交的乐趣，从而更好地融入社交圈。

第二节　社交健康对休闲体育的需求

一、减轻孤独和社交焦虑

（一）社交健康的需求

社交健康的需求在当代社会变得越来越重要，它不仅包括与他人建立联系，还包括缓解孤独感和社交焦虑等方面，这些需求驱使人们积极参与各种社交活动，其中就包括休闲体育活动。

社交健康的需求包括与他人建立联系。人是社会性动物，与他人建立联系是满足基本需求的重要途径。在当今社会，由于工作压力大、生活节奏快，以及城市化进程加快等因素，许多人面临着与他人疏远、孤独感增加的问题。参与休闲体育活动为人们提供了一个自然的社交平台，在这里他们可以与其他参与者建立联系，分享共同的兴趣爱好，拓展社交圈。例如，在健身房锻炼时，人们可以与健身教练或其他会员进行交流，建立新的友谊和联系，这不仅有助于缓解孤独感，还能够增强个体的社交健康水平。

社交健康的需求包括缓解孤独感。孤独感是当代社会普遍存在的问题，尤其在老年人群体中更为突出。休闲体育活动为人们提供了一个与他人进行互动的机会，可以有效缓解孤独感。无论是参加晨跑小组、健身俱乐部，还是篮球、足球等团队运动，参与者都能够在活动中找到志同道合的伙伴，共同度过愉快的时光。在这样的社交环境中，人们能够分享彼此的快乐和成绩，建立亲密的友谊，减轻孤独感。

社交健康的需求还包括缓解社交焦虑。社交焦虑是一种常见的心理问题，许多人在面对社交场合时会感到紧张、不安，甚至恐惧。参与休闲体育活动可以帮助人们缓解社交焦虑，提升社交技能和自信心。在参与休闲体育活动的过程中，人们可以逐渐适应与他人进行交流和互动的环境，减轻对社交场合的恐惧。通过与他人合作、互相支持，参与者能够建立良好的社交关系，提升自己的社交能力，从而更好地应对各种社交场合，缓解社交焦虑的困扰。

（二）提供放松的社交环境

休闲体育活动所提供的放松的社交环境，是对社交健康需求的一种积极回应。在这种环境中，人们可以自由自在地参与各种运动，与他人进行交流，不必担心社交压力。这种放松的氛围有助于减轻孤独感和社交焦虑，使人们感到更加舒适和自在。

休闲体育活动提供了一个自然的社交平台。与传统的社交场合相比，休闲体育活动更加注重放松和愉悦，不会给人带来过多的社交压力。在参与休闲体育活动的过程中，人们可以自由地与他人进行交流，分享彼此的运动经历和感受，建立真诚的友谊和联系，这不仅可以使人们感到舒适和自在，还能够有效地缓解社交焦虑，减轻孤独感，促进社交健康的提升。

休闲体育活动强调运动的乐趣和愉悦。与竞技性质的运动不同，休闲体育活动更加注重运动的享受和体验，而不追求胜利或成绩。在这样的环境中，人们不必为胜负而担心，也不必承受太大的压力，只需专注于运动的过程，尽情享受运动带来的愉悦和快乐。这种放松的氛围让人们感到更加轻松和舒适，有助于减轻社交压力，提升社交健康水平。

休闲体育活动提供了一个多样化的社交环境。无论是在户外公园、体育场馆还是健身房，人们都可以选择适合自己的运动项目，与他人一起享受运动的乐趣。在这样多样化的环境中，人们可以结识不同背景的人，拓展社交圈，增加交流的机会。这种多样化的社交环境为人们提供了更多选择，让他们更容易找到志同道合的伙伴，建立真诚的友谊和联系。

（三）共同兴趣减少社交障碍

参与休闲体育活动的人们往往拥有共同的兴趣和目标，这不仅有助于提升个体的生活质量，也可以减少社交障碍。在拥有共同兴趣的基础上，人们可以更容易地与他人进行交流和互动，从而减轻孤独感和社交焦虑。

参与休闲体育活动的人们通常拥有共同的兴趣和目标。无论是慢跑、骑行、游泳，还是篮球、足球等团体运动，参与者都因为共同的热爱而聚在一起。因为共同的热爱，他们更愿意与其他人分享自己的经验、技巧和乐趣，这成为人们交流的桥梁，有助于拉近彼此的距离，减少社交障碍。

共同的兴趣使人们更容易建立真诚的友谊和联系。在参与休闲体育活动的过程中，人们经常会遇到志同道合的伙伴，因为对同一项运动感兴趣，所以有着相似的生活理念和价值观。在追求共同的运动目标的基础上，人们互相支持、相互鼓励，共同克服各种困难和挑战，这极大地增进了彼此之间的了解和信任。通过休闲体育活动建立起的友谊更加真诚和持久，因为这是基于共同的兴趣和目标，而不仅仅是表面上的社交场合。

共同的兴趣有助于减轻社交焦虑和孤独感。许多人在面对社交场合时会感到紧张和不安，特别是在陌生的环境中。参与休闲体育活动时，由于大家都对同一项运动感兴趣，所以社交压力会大大减轻。人们更容易放下防备，放松自己，专注于运动的乐趣和体验。在这种轻松愉快的氛围中，人们能够更自然地与他人进行交流和互动，从而减轻社交焦虑和孤独感。

二、提升自尊心和自信心

（一）培养技能和能力

参与休闲体育活动不仅可以促进身体健康，还是一个锻炼技能和能力的机会。通过参与休闲体育活动，人们可以不断提升自己的体能、技术和策略，从而获得满足感和成就感，这不仅会增强个体对自己的认同感和自豪感，还能够提升自尊心和自信心。

休闲体育活动提供了各种机会，让人们可以在活动中锻炼各种技能和能力。无论是参与户外跑步、健身操、篮球、足球，还是游泳等活动，都可以帮助个体培养不同的技能和能力。例如，参与篮球或足球等团队运动可以培养合作精神、沟通能力和领导才能；参与健身操或瑜伽等活动可以提升身体的灵活性、平衡能力和控制能力。这些技能和能力的锻炼不仅有助于个体在休闲体育活动中取得更好的成绩，还可以给个体的日常生活带来更多的便利和乐趣。

通过参与休闲体育活动，个体可以不断提升自我认知和自我管理能力。在参与休闲体育活动的过程中，人们需要不断调整自己的状态和节奏，控制自己的情绪和行为，以应对不同的挑战和压力。这种自我管理能力的培养对于个体的成长和发展至关重要，不仅可以帮助他们更好地掌控自己的生活，还可以提升他们在社交场合中的表现和交流能力。

参与休闲体育活动可以培养个体的合作精神和领导能力。在团队运动中，个体需要与队友密切配合，共同制定策略和实施计划，以达到共同的目标。这种合作精神对于团队的成功至关重要，而个体的领导能力则可以在关键时刻发挥重要作用，指导团队朝着正确的方向前进。通过参与团队运动，个体可以学会如何在团队中发挥自己的潜力，协调与他人的关系，培养出色的领导能力和合作精神。

（二）实现个体目标

参与休闲体育活动不仅是为了锻炼身体，也是为了实现个体目标和追求个体成长。在参与休闲体育活动的过程中，人们常常会设定各种目标，如提高跑步速度、增强肌肉力量、学会新的运动技能等，每一次的进步都是对自己能力的肯定，有助于增强个体的自信心。

参与休闲体育活动可以帮助个体设定和实现目标。无论是健身、跑步、游泳还是其他运动项目，个体都可以根据自己的兴趣和需求设定相应的目标。通过不断地努力和坚持，个体可以逐步实现自己的目标，取得可喜的进步和成绩。这个实现目标的过程不仅有助于提升个体的自我认同感和自尊心，还可以增强个体的自信心，有利于社交健康水平的提升。

参与休闲体育活动可以激发个体的积极性和动力。要想设定个体目标，需要个体具备一定的积极性和动力。在参与休闲体育活动的过程中，个体可以得到他人的鼓励和支持，这种正向的社交互动可以激发个体的积极性和动力，让他们更加专注和坚定地追求自己的目标。此外，与他人一起参与运动，分享经验和进步，也可以激发个体的竞争意识和团队精神，促进个体目标的实现。这种积极的社交互动有助于提升社交健康水平，增强个体的社交技能和沟通能力。

参与休闲体育活动可以促进个体的身心健康。在参与休闲体育活动的过程中，人们不仅可以锻炼身体，还可以释放压力、舒缓情绪，提升心理健康水平。身心健康不仅有助于个体更好地实现目标，还可以增强个体的社交能力和社交健康水平。一个身心健康的个体更容易与他人建立联系，更有能力处理社交场合中的各种挑战和压力，从而实现更高水平的社交健康。

（三）建立积极的身体形象

参与休闲体育活动不仅可以改善个体的身体健康状况，还可以塑造积极的身体形象。随着身体健康的改善和身材的调整，人们的自尊心和自信心也会随之提升，从而更加自信地面对社交场合。

参与休闲体育活动有助于改善个体的身体健康状况。运动可以促进血液循环，增强心肺功能，增强肌肉力量和灵活性，同时还可以帮助控制体重、降低血压和血糖等。通过持续的锻炼，人们可以逐渐改善自己的身体状态，拥有更健康、更强壮的体魄。这不仅可以提升个体的生活质量，还可以塑造积极的身体形象，增强个体的自信心和自尊心。

参与休闲体育活动可以帮助个体塑造理想的身材。不同类型的运动项目可以有针对性地锻炼不同部位的肌肉，从而塑造出更加匀称、健美的身体线条。通过持续的锻炼和健康的饮食习惯，人们可以逐渐减少脂肪堆积，增加肌肉质量，使自己的身材更加健美。理想的身材可以增强个体的自信心，让他们更加自信地面对社交场合。

参与休闲体育活动可以改善个体的体态和姿势。在参与休闲体育活动的过程中，人们需要保持正确的体态和姿势，这有助于锻炼身体的各个部位，预防受伤，同时保持身体的平衡和稳定。通过不断地练习和调整，人们可以养成良好的体态和姿势习惯，使自己的身材更加挺拔。一个拥有良好体态和姿势的个体会给人留下良好的第一印象，从而提升社交效果。

第三节　社交健康与休闲体育的互动关系

一、增强情感联系

（一）加强家庭亲密关系

加强家庭亲密关系在现代社会中显得尤为重要，而休闲体育活动为家庭成员之间的情感交流和互动提供了一个理想的平台。共同参与休闲体育活动，不仅有助于家庭成员保持身体健康，还能增进彼此的了解和情感连接，提升家庭的整体幸福感。在快节奏的生活中，家庭成员常常因工作和学习的压力而缺乏互动时间。而定期组织家庭休闲体育活动，不仅能让家庭成员从忙碌中解脱出来，还能为大家提供一个放松和交流的机会，增进彼此的感情。

休闲体育活动能够提升家庭成员的身心健康，进而促进家庭关系的和谐。健康的身体和良好的心态是维持亲密关系的重要基础，共同参与休闲体育活动，可以让家庭成员相互激励，一起追求健康的生活方式，这可以增加彼此的支持和理解，有助于构建一个更加和谐的家庭环境。此外，家庭休闲体育活动中经历的共同挑战和快乐时光，会变成美好的家庭记忆，这不仅可以成为家庭成员之间的情感纽带，还能在日后的回忆中成为温馨的话题，成为家庭中独特的文化和默契，从而进一步加强亲密关系。

父母在参与家庭休闲体育活动时可以通过言传身教向孩子展示团队合作的重要性，培养他们的社交能力和沟通技巧。在参与家庭休闲体育活动的过程中，孩子不仅能学到如何与他人合作，还能感受到来自家庭的关爱和支持，这对他们的成长具有积极的影响。

休闲体育活动中的互动和交流能够有效改善家庭成员之间的沟通方式。在轻松愉快的氛围中，家庭成员更容易敞开心扉，表达自己的想法和感受，缓解因日常琐事而产生的矛盾和误解。通过休闲体育活动中的合作和互动，家庭成员之间可以建立更为信任和理解的关系，从而提升整体的家庭亲密度。

（二）朋友间的情感交流

朋友间的情感交流在现代社会中显得尤为重要，而休闲体育活动为这种情感交流提供了一个理想的平台。通过共同参与休闲体育活动，人们不仅可以增强体质，还能加深朋友之间的感情，促进心理健康。

休闲体育活动为朋友间的互动创造了一个轻松愉快的环境。在参与休闲体育活动的过程中，朋友们可以自由自在地交谈，分享彼此的生活和工作压力，增进了解和信任。

在参与休闲体育活动的过程中，朋友们相互鼓励、互相支持，共同应对各种挑战和困难，这不仅可以增强彼此间的联系，还能为彼此带来心灵上的慰藉。在休闲体育活动中，每个个体都能通过自己的努力和技巧赢得朋友的认可和赞赏，这种积极的反馈能够增强自信心，促进个体成长。在休闲体育活动中经历的点点滴滴都会成为美好的回忆，这不仅可以增进朋友间的感情，还能在日后成为话题，进一步加强情感联系。

休闲体育活动中发生的竞争和协作能够锻炼朋友间解决问题和处理冲突的能力。在团队运动中，难免会遇到意见不一致或竞争激烈的情况，通过有效的沟通和协商，朋友们可以学会如何在冲突中找到平衡点，增强解决问题的能力，这对于维持长期的友谊关系非常重要。

（三）同事之间的信任和团队合作

参与休闲体育活动对于同事之间建立信任和团队合作是非常有益的。在工作环境中，团队合作和互相信任是至关重要的，而休闲体育活动为实现这一目标提供了一个理想的平台。

休闲体育活动提供了一个轻松的环境，在这种环境中，同事们可以摆脱工作压力，放松心情，更加自然地相处。在这样的氛围中，人们更容易建立互相信任的关系，彼此的交流也更为畅通。通过共同参与休闲体育活动，同事们有机会从工作中解脱出来，放松身心，增进彼此的情感联系，从而建立更为牢固的信任基础。

休闲体育活动可以培养团队合作精神。在休闲体育活动中，团队合作是取得成功的关键。同事之间需要相互配合和协调，共同面对挑战，这不仅可以锻炼同事们的团队合作能力，还能增强彼此的信任和依赖。这种团队合作精神不仅可以体现在运动中，还会在工作中得到延续，增强团队的凝聚力和工作效率。

休闲体育活动为同事之间提供了一个增进彼此了解的机会。在参与休闲体育活动的过程中，同事们可以了解彼此的兴趣爱好、个性特点，发现彼此的优点和长处，这不仅可以建立更为亲密的关系，还可以增进彼此的信任和尊重，有助于促进团队的和谐发展，提升团队的整体素质和工作效率。

（四）促进更深层次的沟通

参与休闲体育活动不仅仅是为了锻炼身体，更是为了促进更深层次的沟通。在参与休闲体育活动的过程中，人们有机会放松心情、敞开心扉，进行更加坦诚和真实的交流。不论是与家人、朋友还是同事一起参与休闲体育活动，都能够促进彼此间的更深层次的沟通，从而增进了解和信任。

休闲体育活动提供了一个放松的环境，在这种环境中，人们更容易放下防备，展现真实的自我。与家人、朋友或同事一起参与休闲体育活动时，可以摆脱工作和生活的压力，专注于活动本身。这种轻松自然的氛围有助于打破沉默，促进彼此间更加坦诚的交流。人们可以分享彼此的心情、想法、困扰，寻求相互的理解和支持，从而增进了解和信任。

休闲体育活动为人们提供了共同的体验和话题。在参与休闲体育活动的过程中，人们可以共同经历挑战、克服困难，享受运动带来的乐趣和成就感，这可以成为人们交流的桥梁，为彼此提供丰富的话题。无论是讨论运动技巧、分享个体经历，还是谈论生活琐事，都能够促进更深层次的沟通，增进彼此间的情感联系。

参与休闲体育活动也是建立更加密切关系的过程。在参与休闲体育活动的过程中，人们可以互相支持和鼓励，共同面对各种挑战和困难，这不仅加强了个体之间的联系，也促进了更加深入的沟通和理解，人们的情感联系得到了进一步加强，彼此间更加信任。

二、促进积极竞争

（一）提高自我价值感和成就感

参与休闲体育活动不仅可以为个体提供锻炼身体的机会，还能够提高自我价值感和成就感。在休闲体育活动中，人们可以享受到良性的竞争和挑战，通过取得成功或者突破个体极限，增强自我认知和自信心。

参与休闲体育活动可以激发个体的竞争意识和动力。在团队运动中，人们需要与队友合作，战胜对手，获得胜利，这会促使人们不断提升自己的能力和技能。当个体通过努力和拼搏获得成功时，会产生一种自豪感和成就感，从而提高自我价值感，这有助于个体认识到自己的潜力和价值，增强自信心和自尊心，进而对社交健康产生积极影响。

参与休闲体育活动可以带来成就感和满足感。在参与休闲体育活动的过程中，人们不断挑战自己的身体极限，提升技能水平，追求更高的运动目标。当个体克服困难、战胜自己时，会获得一种成就感和满足感，从而增强自我认知和自信心，这有助于个体建立积极的自我形象，认识到自己的价值和能力，从而提高社交健康水平。

参与休闲体育活动可以增强人际关系和团队凝聚力。在团队运动中，人们需要相互配合和支持，共同实现运动目标。当团队取得成功时，每个成员都会感到自豪和满足，彼此间的信任和依赖也会进一步提升，这可以促进人际关系的发展，增强团队的凝聚力，进而提高个体的社交健康水平。

（二）学习团队合作和尊重对手

1. 团队合作的重要性

团队合作的重要性不仅在于能够将个体的力量最大化，更在于能够培养团队精神和凝聚力。通过参与团队运动，人们能够学会倾听他人的意见、尊重他人的观点，能够在困难时互相扶持。这种团队合作精神不仅体现在比赛中，还会延伸到日常生活中，从而进一步促进团队成员间的信任和团结。

2. 尊重对手的重要性

对手是竞技运动中最直接的竞争者，学会尊重对手并认可对方的优点可以建立良好的社交关系。学会尊重对手，人们能够更好地理解对手的立场和想法，从而更有效地应对挑战。尊重对手并不意味着放弃竞争，而是希望通过公平竞争，共同提高，共同进步，这不仅体现了个人素质，还有助于培养健康的竞争意识。

（三）接受失败和挑战

接受失败和挑战是生活中必不可少的一部分。在竞争激烈的环境中，无论是在体育场上还是日常生活中，人们都会遇到挑战和失败，如何进行应对，并从中有所收获，对于个体的成长和社交健康都有着深远的影响。

1. 接受失败的重要性

失败是人生中不可避免的一部分。在竞技运动中，每场比赛只能有一个胜利者，即便是在休闲体育活动中也可能会面临失败。通过接受失败，人们可以认识到自己的不足，找到改进的方向，并且更加努力地追求成功。接受失败并不意味着放弃成功，而是要在失败中汲取力量，不断前行。

2. 从失败中学习

失败并不可怕，可怕的是失败后不作为、不思考。在竞技运动和休闲体育活动中，每次失败都是一次宝贵的经历。通过分析失败的原因，人们可以发现自己的不足，从而探索改进的方法，这不仅能帮助人们在竞技场上取得更好的成绩，还能够提升在社交生活中的表现。

3. 挑战的意义

挑战是人生中的一种成长机会。在竞技运动和休闲体育活动中，挑战不仅仅是对自己的一种考验，更是一种成长的机会。面对挑战，人们不仅能够发现自己的潜力和能力，还能够不断提升自己，迈向更高的目标。挑战不仅能够激发人们的斗志和毅力，还能够培养人们的团队精神和领导能力。

（四）培养团队精神和友谊

在现代社会中，团队精神和友谊不仅是成功的关键因素，也是社交健康的重要组成部分。在共同经历竞争和挑战的过程中，人们可以培养团队精神和友谊。团队精神的形成不仅增强了个体的竞争力，更加深了彼此之间的友谊和互信。

1. 休闲体育活动的社交健康价值

休闲体育活动不仅仅是简单的运动，更是社交健康的重要组成部分。休闲体育活动提供了一个让人们聚集在一起的机会，无论是在球场上、健身房里，还是在户外，人们有机会结识新朋友，拓展社交圈。此外，休闲体育活动还有助于缓解社交焦虑和孤独感。在参与休闲体育活动的过程中，人们可以放松心情，暂时忘却生活压力，享受与他人互动的乐趣。

2. 培养团队精神

在休闲体育活动中，团队精神是不可或缺的一部分。通过共同经历竞争和挑战，团队成员可以学会相互依赖和信任，这种团队精神不仅有助于取得优异的成绩，更能够促进友谊的发展。团队精神的培养不是一蹴而就的，需要长期的共同努力和合作。在参与休闲体育活动的过程中，人们需要学会团结一致、克服困难，共同追求目标。当团队面临挑战时，每个成员都扮演着重要角色，只有团结一致，才能够克服困难，取得成功。

3. 加深友谊与建立互信

休闲体育活动不仅可以培养团队精神，还可以加深友谊、建立互信。在共同参与休闲体育活动的过程中，人们有机会更加深入地了解彼此，分享彼此的喜怒哀乐。这种共同的经历能够加强彼此之间的情感联系，建立更加牢固的友谊关系。通过互相支持和鼓励，可以加深团队成员之间的友谊，建立彼此之间的互信。友谊的加深和互信的建立不仅体现在运动场上，还能够延伸到日常生活中，使得团队成员在面对各种挑战和困难时能够互相依靠，共同克服。

三、增强社交技能

（一）提升沟通能力

1. 锻炼沟通技能

参与休闲体育活动的个体必须与团队成员进行有效的沟通，以确保每个人都能明白自己的角色和任务。在比赛策略的制定过程中，个体需要表达自己的想法，并与团队成员进行讨论和协商，以达成共识。在实际比赛中，个体需要与队友进行实时的交流和配合，以应对对手的变化和挑战。这种频繁的沟通不仅锻炼了个体的口头表达能力，还提高了他们的倾听和理解能力。通过与他人进行交流，个体可以学会倾听他人的意见，从而做出更加全面的决策。这种双向的沟通模式不仅有助于团队达成共识，更能够增进团队成员之间的信任和互动。

2. 提升社交健康

休闲体育活动不仅可以帮助个体成长，更是社交健康的重要组成部分。通过与他人一起参与休闲体育活动，个体有机会结识新朋友，拓展社交圈，并增进彼此之间的了解和友谊。在比赛和训练中，个体与团队成员之间的互动不仅仅局限于体育方面，还会涉及生活中的多个方面。

这种社交互动有助于缓解社交焦虑和孤独感，使个体感到更加自信和愉悦。通过与他人共同努力，个体可以感受到来自团队的支持和鼓励，从而获得归属感，这不仅对个体的心理健康有益，还能够提升社交健康水平。

3. 发展团队合作

休闲体育活动不仅可以培养个体的沟通能力，还能够促进团队合作的发展。在参与休闲体育活动的过程中，个体可以学会如何与他人进行合作来追求共同的目标。通过与他人共同努力，个体可以学会相互支持和信任，并建立深厚的友谊和合作关系。团队合作不仅体现在体育活动中，更能够延伸到日常生活和工作中。在面对各种挑战和困难时，团队成员能够相互扶持，共同克服。

（二）锻炼领导能力

1. 担任领导角色

在休闲体育活动中，个体有机会担任领导角色。作为领导者，个体需要具备组织能力、沟通能力、决策能力等多方面的技能，需要制定比赛策略、安排训练计划，并指导团队成员按计划执行，这不仅可以锻炼个体的组织和管理技能，还能够锻炼他们的决策能力和应变能力。在比赛或训练中，领导者需要随时调整策略，应对突发情况，保持团队的稳定和秩序，这不仅要求个体具备丰富的专业知识和技能，更需要他们具备良好的心理素质和团队意识。

2. 激励团队成员

作为领导者，个体不仅需要懂得管理团队，更需要懂得激励团队成员，激发他们的潜力。通过赞扬、鼓励和奖励等手段，领导者可以激发团队成员的积极性和热情，提高团队的凝聚力和士气。同时，领导者还需要关心和支持团队成员，在遇到困难和挑战时给予他们帮助和鼓励。通过激励团队成员，不仅可以提高团队的整体表现，还能够加深领导者与团队成员之间的信任和互动。

（三）提高逆境应对能力

休闲体育活动中充满了挑战和机遇，个体在参与时不可避免地会面临各种逆境，如失败、受伤等。此时个体可以学会如何应对挑战，保持积极乐观的心态，并从中吸取经验和教训，这不仅有助于提高个体的逆境应对能力，还能增强社交适应能力，促进社交健康的发展。

在逆境中，个体可以发现自己内在的潜力和韧性，挑战自己的极限，不断提升自己。逆境中的成长不仅源自个体的努力和奋斗，更源自团队成员之间的支持和鼓励。在面对困难和挑战时，团队成员互相扶持，共同克服，为彼此提供坚实的后盾。这种团队精神和凝聚力不仅可以帮助个体度过逆境，还能够加深彼此之间的友谊和互信。

逆境中的挑战不仅是一种考验，更是一种机遇。在面对失败和挫折时，个体可以学会如何保持乐观的态度，如何从失败中吸取经验和教训，如何不断调整和改进自己的策略和方法，这不仅可以锻炼个体的逆境应对能力，还可以增强他们的自信心，使他们能够更加勇敢地面对未来的挑战。

逆境中的挑战和成长有助于培养个体的决策能力和应变能力。在面对困难和挑战时，个体需要及时做出决策，并采取有效的行动来解决问题。这种能力不仅在休闲体育活动中有所体现，更能够延伸到日常生活和工作中，从而帮助个体更好地应对各种复杂的情况和挑战。

逆境中的挑战不仅是个体的成长机会，也是增强社交适应能力的重要途径。在面对困难和挑战时，个体需要与团队成员进行有效的沟通和合作，共同寻找解决问题的办法，这不仅提高了团队的逆境应对能力，更增强了个体与团队成员之间的互动和信任。通过与他人共同努力，个体可以感受到来自团队的支持和鼓励，从而获得归属感。

（四）建立人际关系

休闲体育活动不仅可以锻炼身体，还可以促进人际关系的建立和社交技能的增强。通过参与休闲体育活动，个体可以与他人建立紧密的人际关系，这不仅能够促进个体在运动场上的表现，也可以为日常生活中的社交互动提供支持和帮助。在友好的活动氛围中，个体能够更加自在地与他人进行交流和互动，从而增强社交技能。

通过参与休闲体育活动，个体可以与他人建立紧密的人际关系。在参与休闲体育活动的过程中，个体可以与团队成员建立密切的联系，共同经历成功和失败，共同克服挑战和困难，这不仅可以加深彼此之间的情感联系，还可以增进彼此之间的信任。通过与他人共同努力，个体可以感受到来自团队的支持和鼓励，从而获得归属感，这不仅有助于提高团队的整体能力，还能够增强个体与他人之间的友谊和互信。

休闲体育活动可以为个体提供一个增强社交技能的机会。在参与休闲体育活动的过程中，个体通过与他人频繁地进行交流和互动，可以学会如何与他人合作、如何倾听他人的意见、如何与他人进行有效的沟通。这种社交技能不仅在运动场上有所体现，更能够延伸到日常生活和工作中，帮助个体更好地与他人进行交流和互动，促进个体和社会的发展。

休闲体育活动可以提升个体的社交健康水平。通过与他人共同参与休闲体育活动，个体不仅能够锻炼身体，还能够享受到与他人互动的乐趣，这有助于缓解社交焦虑和孤独感，使个体感到更加自信和愉悦。在友好的活动氛围中，个体能够更加自在地与他人进行交流和互动，享受来自团队的支持和鼓励，这不仅对个体的心理健康有益，更能够促进整个社会的和谐与进步。

第四节　促进社交健康的休闲体育活动

一、社区健身活动

（一）社交互动与沟通

社区健身活动为个体提供了一个与其他人进行社交互动和沟通的重要平台，这对于促进社交健康具有重要意义。在晨跑团、自行车俱乐部等活动中，人们不仅可以享受运动的乐趣，还可以与其他参与者建立联系，分享兴趣爱好，交流运动经验，增进彼此之间的了解和沟通。

社区健身活动提供了一个与其他人进行社交互动的平台。人们聚在一起共同参与休闲体育运动，这种共同的体验能够促进人与人之间的交流和沟通。参与者可以在活动中结识新朋友，拓展社交圈，建立亲密的人际关系，这有助于减轻孤独感和社交孤立感，增强个体的社交支持系统，提高生活质量。

社区健身活动为人们提供了一个共同兴趣的交流平台。参与者是因为共同的兴趣而聚在一起的，他们可以分享运动的乐趣，交流健身经验，互相激励和支持，这不仅有助于增进彼此之间的了解和友谊，还可以提供有价值的健身建议和鼓励，促进个体的健康和发展。

社区健身活动为人们提供了一个倾诉和释放压力的途径。在参与社区健身活动的过程中，人们可以自由地倾诉自己的情感和压力，得到他人的倾听和理解，这有助于减轻心理压力和负面情绪，促进心理健康和身心和谐。

社区健身活动可以培养人们的团队合作意识和社交技能。在参与社区健身活动的过程时，人们需要相互协作和配合，共同完成运动目标，这有助于培养团队合作意识和团队精神。此外，参与社区健身活动还可以锻炼人们的社交技能，如沟通能力、表达能力、人际交往能力等，使其更加自信和独立，更加善于与他人交往。

（二）拓展社交圈

参与社区健身活动对于拓展社交圈和结识志同道合的朋友具有重要作用。在参与社区健身活动的过程中，不论人们来自何处、年龄如何、职业是什么，共同的健身兴趣成为他们交流的基础，促成了紧密的社交网络。

参与社区健身活动为个体提供了一个与各种各样的人进行交流和互动的平台。在社区健身活动中，参与者可能有不同的职业、不同的年龄、不同的文化背景，但是共同的兴趣使他们能够聚在一起，构成了一个开放、包容的社交环境，为个体提供了一个与不同类型的人建立联系、进行交流的机会，促进了社交圈的扩大和多样化。

参与社区健身活动能够促进人们之间的相互了解和友谊的建立。在社区健身活动中，人们因为共同的健身爱好而聚在一起，他们有共同的话题可以交流，有共同的目标可以追求，这有助于增进彼此之间的了解和亲近感。通过在活动中的相互鼓励、支持和合作，人们可以建立深厚的情感联系，形成持久的友谊关系。

参与社区健身活动能够提高个体的社交技能和沟通能力。在参与社区健身活动的过程中，人们需要与他人进行合作、交流和协调，共同完成活动任务，这有助于培养个体的团队合作意识和沟通技巧。通过与各种各样的人进行交流和互动，个体能够学习如何更好地表达自己、倾听他人、解决问题，从而提高社交技能和沟通能力。

参与社区健身活动能够为个体提供身心愉悦的社交体验。在参与社区健身活动的过程中，人们不仅可以锻炼身体、释放压力，还可以享受与他人一起运动的乐趣和快乐。在这种愉悦的氛围中，人们更愿意与他人进行交流和互动，积极参与各种社交活动，从而进一步促进了社交圈的扩大和多样化。

（三）交流生活感悟与情感支持

社区健身活动可以给人们提供一个交流生活感悟、分享情感支持的平台。在参与社区健身活动的过程中，人们可以相互倾诉，分享彼此的生活经历和情感体验，这不仅可以获得情感上的支持和鼓励，还可以提升社交健康水平。

社区健身活动为个体提供了一个开放、包容的交流平台，使人们能够自由地分享彼此的生活感悟和情感体验。在参与社区健身活动的过程中，人们可以分享彼此的喜怒哀乐，讨论生活中的各种问题和挑战，这不仅有助于增进彼此之间的了解，还能够为个体提供一个倾诉和抒发情感的途径，减轻心理压力，缓解情绪困扰，提升心理健康水平。

社区健身活动能够为个体提供情感支持和鼓励，促进社交健康。在参与社区健身活动的过程中，人们可以相互鼓励、支持和激励，共同度过活动中的艰难时刻，共同享受运动带来的喜悦和成就感，这不仅能够增强个体的自信心和自尊心，减轻孤独感和社交孤立感，还能够促进个体的心理健康和社交健康。

参与社区健身活动能够促进个体之间的情感交流和亲密关系的建立。在参与社区健身活动的过程中，人们共同经历各种挑战和困难，分享喜悦和成就，从而建立起特殊的情感联系，这不仅使得彼此之间的关系更加亲密，还增进了彼此之间的信任和理解，从而建立起持久的友谊关系。

社区健身活动可以为个体提供一个积极、健康的社交环境，促进社交健康的全面发展。在参与社区健身活动的过程中，人们能够与志同道合的伙伴一起度过愉快的时光，享受运动带来的快乐和满足，这有助于陶冶个体的情操，提升社交技能，培养良好的社交习惯，从而促进社交健康的全面发展。

二、长跑

（一）共同训练与追求共同的目标

长跑训练是一个漫长而艰苦的过程，而加入跑步俱乐部或训练小组则为个体提供了一个与其他跑步爱好者共同训练并追求共同目标的宝贵机会。在与其他跑步爱好者共同度过训练中的艰难时刻并追求共同目标的过程中，人们不仅锻炼了身体，也培养了团队精神，加深了彼此之间的友谊和情感联系。共同训练与追求共同的目标是跑步俱乐部或训练小组的核心内容，也是促进社交健康的重要途径。在长跑训练中，个体与其他跑步爱好者共同度过艰难时刻，追求共同目标，人们互相鼓励和支持，分享彼此的喜悦，建立了特殊的情感联系。通过共同训练与追求共同的追求，个体能够感受到团队合作的力量，增强对彼此的信任和依赖，从而促进社交健康的发展。

共同训练与追求共同的目标有助于增进人们的友谊和情感联系。在长跑训练中，人们共同经历艰苦的训练，克服各种困难和挑战，这使得彼此之间的关系更加紧密，友谊也更加深厚。无论是在训练中互相鼓励和支持，还是在比赛后共同庆祝胜利，这些经历都为个体之间的情感联系注入了新的活力和动力。

共同训练与追求共同的目标能够促进个体之间的团队精神和互助精神。在长跑训练中，个体需要与其他跑步爱好者一起合作和配合，共同完成训练任务，这需要团队成员之间的密切协作和互相帮助。通过共同训练与追求共同的目标，人们学会了如何在困难时刻互相支持、如何在挑战中共同成长，培养了团队精神和互助精神，这对于个体的社交健康和人际关系的发展具有重要意义。

共同训练与追求共同的目标还是一种积极、健康的社交活动，有助于丰富个体的社交生活。在长跑训练中，人们不仅可以锻炼身体、提升个体素质，还可以结识更多志同道合的朋友，拓展社交圈，丰富社交生活，这有助于个体建立良好的社交关系，提升社交技能，增强社交信心，从而促进社交健康的全面发展。

（二）赛后的庆祝活动

长跑比赛结束后的庆祝活动不仅是一场简单的聚会，更是参赛者共同庆祝、交流心得的重要时刻。在长跑比赛结束后，参赛者聚集在一起，共同庆祝各自的比赛成绩，分享比赛的心得体会，这不仅加深了彼此之间的了解，还促进了社交健康水平的提升。

赛后的庆祝活动能够增进参赛者之间的友谊和情感联系。在长跑比赛中，参赛者共同经历了挑战和拼搏，彼此之间建立了特殊的情感联系。在庆祝活动中，他们可以聚在一起分享彼此的喜悦和成绩，互相祝贺和鼓励，这能够加深彼此之间的友谊，增进情感的交流与共鸣，为彼此之间的情感联系注入更多的温暖和力量。

赛后的庆祝活动为参赛者提供了一个交流心得、分享经验的机会。在庆功活动上，参赛者可以互相交流比赛中的体验和心得，分享自己的训练方法和比赛策略，这不仅能够帮助其他参赛者更好地准备自己今后的比赛，还能够促进彼此之间的学习与成长。通过与其他参赛者进行交流和分享，人们能够获得更多的启发和帮助，不仅可以提升自己的跑步水平，还可以进一步加深彼此之间的联系。

赛后的庆祝活动为参赛者提供了一个放松身心、释放压力的机会。比赛结束后，参赛者往往会感到身心疲惫，这时需要一个机会来放松自己、舒缓压力。在庆祝活动中，参赛者可以暂时忘却工作和生活中的烦恼，尽情享受比赛成绩带来的喜悦和满足，这有助于参赛者调节情绪、恢复精力，提升身心健康水平。

赛后的庆祝活动为参赛者提供了一个提升社交健康水平的机会。在庆功活动中，参赛者不仅可以互相交流、相互鼓励，还可以结识更多志同道合的朋友，拓展自己的社交圈，这有助于增进个体之间的了解与信任，促进彼此之间的友谊，提升社交健康水平。

（三）建立跑步社交圈

个体在参加长跑比赛的过程中可以结识新朋友，建立跑步社交圈。人们不仅可以在跑步社交圈里交流经验、互相鼓励，还可以在日常生活中一起组织训练、参加其他跑步活动，增进友谊和社交联系。

跑步社交圈为个体提供了一个交流共同爱好的机会。参加长跑比赛的个体往往对跑步有着浓厚的兴趣和热情，而在比赛中结识的新朋友同样也对跑步有着相同的热爱。因此，他们能够在共同的兴趣爱好方面进行交流，分享彼此的跑步经验和训练心得，互相学习，互相成长，这不仅能够增进彼此之间的了解，还能够促进社交健康水平的提升。

跑步社交圈为个体提供了一个相互鼓励和支持的群体。在长时间的跑步训练中，个体往往会面临各种困难和挑战，这时需要有人来给予鼓励和支持，而跑步社交圈就是这样一个可以互相鼓励和支持的群体。在长跑训练中，他们可以互相激励、相互陪伴，共同度过训练中的艰难时刻。在长跑比赛中，他们可以相互鼓励、互相支持，共同迈向终点。这种相互鼓励和支持的群体精神有助于增强个体的信心和动力，提升社交健康水平。

跑步社交圈为个体提供了一个共同训练、共同比赛的机会。在长跑训练中，跑步社交圈里的成员可以一起组织训练，共同制订训练计划、分享跑步路线，相互监督，互相激励，共同进步。在长跑比赛中，他们可以一起参赛，共同追求更好的比赛成绩，共同享受比赛的快乐和成就感。这种共同训练、共同比赛的经历不仅能够增进彼此之间的友谊，也能够促进社交健康的全面发展。

跑步社交圈为个体提供了一个丰富多彩的社交生活。在跑步社交圈里，个体不仅可以与其他成员一起进行训练、参加比赛，还可以组织各种跑步活动、聚会或聚餐，共同度过愉快的时光，这不仅能够增强个体的社交技能，还能够培养良好的社交习惯，提升社交健康水平。

（四）激励和启发他人

参加长跑比赛的个体可以成为他人的榜样，通过自己的行动向他人传递积极的能量和健康的生活态度，鼓励其他人加入跑步活动，提升自身健康水平。这种激励和启发他人的行为不仅加强了个体与他人之间的联系，也促进了社交健康的发展。

个体通过参加长跑比赛展现了积极向上的生活态度和健康的生活方式，可以成为他人的榜样。在长跑比赛中，个体克服各种困难和挑战，展现顽强的意志和不屈的精神，这种坚持不懈、永不放弃的精神深深地感染着身边的人，从而成为他人的榜样，激励着其他人也加入跑步活动，追求健康和快乐的生活。

个体通过参加长跑比赛可以为他人树立一个健康生活的典范。在现代社会，越来越多的人因为久坐和不良的生活习惯而导致身体出现健康问题。而参加长跑比赛的个体通过自己的行动向他人传递了健康生活的理念，鼓励他人通过跑步等健康的休闲体育活动来提升自身的健康水平，提高生活质量。

个体通过参加长跑比赛可以展现自己的社会责任和担当。在长跑比赛中，个体不仅代表着自己，更代表着整个跑步社区，他们的行为和成绩影响着整个社会对跑步运动的认知和态度。通过自己的努力和表现，个体可以树立一个积极向上、健康向善的形象，从而激励和启发更多人投入跑步活动之中，共同促进社会健康的发展。

三、户外运动

（一）共同体验刺激性的运动项目

参与户外运动是一种极具挑战性和刺激性的体验，在参与刺激性的运动项目时，个体与其他参与者共同克服困难，不仅增强了身体素质，还促进了社交健康的发展。

参与刺激性的运动项目为个体提供了独特的挑战与成就感。在参与刺激性的运动项目时，个体需要克服自身的恐惧和不安全感，勇敢面对各种未知的挑战。当成功完成一个刺激性运动项目时，个体会感受到巨大的成就感和满足感，这不仅可以增强个体的自信心，还可以激发他们对更大的挑战的兴趣和渴望。

参与刺激性的运动项目可以促进个体之间的合作与团队精神。在参与刺激性的运动项目时，个体需要与其他参与者进行合作，共同克服挑战，完成任务，这不仅可以增进彼此之间的友谊和联系，还可以培养个体的团队合作能力和沟通技巧。

参与刺激性的运动项目可以拓展个体的社交圈与人际网络。在参与刺激性的运动项目时，个体有机会结识各种各样的参与者，他们共同体验挑战和刺激，从而建立深厚的友情和联系，这不仅可以丰富个体的社交圈，拓展他们的人际网络，还可以促进与其他参与者未来的合作。

参与刺激性的运动项目可以增强个体的身心健康。刺激性的运动项目不仅可以锻炼身体的各个部位，提高身体素质和耐力，还可以促进心理健康，减轻压力和焦虑，增强心理韧性和抗挫能力，这不仅可以帮助个体更加积极乐观地面对生活，还可以为他们建立更加健康、稳定的社交关系提供保障。

（二）分享快乐时光

参与户外运动是一种愉悦而充实的体验，个体可以与其他参与者分享快乐时光，共同体验运动的乐趣和挑战。在参与户外运动时，人们可以相互鼓励和支持，共同创造美好的回忆，增进彼此之间的情感联系。

参与户外运动为个体提供了与他人分享快乐时光的机会。在参与户外运动时，人们置身于自然环境之中，享受着清新的空气，观赏着壮丽的景色，感受着身心的愉悦和放松。当个体与其他参与者分享快乐时光时，个体会感受到彼此之间的情感连接和共鸣，从而增进情感联系。

参与户外运动可以使个体体验运动的乐趣和挑战。在参与户外运动时，人们会面临各种挑战和困难，需要克服身体极限，突破自我。在这个过程中，人们会相互鼓励、互相支持，共同享受运动带来的快乐和成就感。

参与户外运动可以创造美好的回忆。在参与户外运动时，人们会经历许多难忘的时刻和精彩的瞬间，这些都会成为人生中的美好回忆。

参与户外运动可以增进彼此之间的情感联系。在参与户外运动时，人们会相互依靠、互相支持，共同度过快乐时光，共同面对挑战，这会增进彼此之间的情感联系，促进友谊的深化和持久。

（三）加深友情和信任

在参与户外运动时，由于共同的经历和乐趣，以及彼此的支持和理解，个体与其他参与者之间的友情和信任可以得到加强和巩固，这有助于建立持久的社交关系。

共同的经历和乐趣是加深友情和信任的重要因素。在参与户外运动时，个体需要面对各种挑战，如险峻的山路、恶劣的天气、未知的环境等，这就需要个体与其他参与者相互支持、鼓励和帮助，只有这样才能克服困难，突破自我。在这个过程中，人们会形成深厚的情感联系，增进彼此之间的信任和友情。

相互理解和支持是加深友情和信任的关键。在参与户外运动时，个体会彼此倾听，努力理解对方的感受和需求，并给予鼓励和支持，这会增进彼此之间的信任和友情。

共享欢乐是加深友情和信任的重要途径。在参与户外运动时，人们会一起经历许多愉快和充实的时刻，如成功到达目的地、欣赏美丽的自然景色、享受美食和文化等，这会让彼此之间的情感联系更加紧密，增进彼此之间的信任和友情。

共同面对挑战和困难是加深友情和信任的重要因素。在参与户外运动时，人们会面临各种困难和挑战，这时需要相互支持和鼓励，只有这样才能够克服困难、战胜挑战。在此过程中，人们的友情和信任会进一步加深。

第五章 休闲体育与社会健康

第一节 休闲体育对社会健康的影响

一、促进社交互动

（一）拓展社交圈

参与休闲体育活动不仅能够促进个体的身体健康和心理健康，还为人们拓展社交圈提供了宝贵的机会。在参与休闲体育活动的过程中，人们不仅可以享受运动的乐趣，还可以结识新朋友，建立良好的友谊和合作关系，这不仅有助于增强个体的社交技能和人际关系，也能够促进社会的健康与和谐发展。

休闲体育活动可以为人们提供一个社交平台。在参与休闲体育活动的过程中，人们聚集在一起，共同进行健身运动或者探索自然风光，这种共同的体验能够促进个体之间的交流和互动，从而建立真诚的友谊和信任。

参与休闲体育活动有助于打破社交隔阂，促进社会融合与包容。在参与休闲体育活动时，人们不受年龄、性别、种族等因素的限制，大家为了共同的目标而聚集在一起，这可以促进个体之间的交流和沟通，打破社交隔阂，促进不同群体之间的交流与融合，构建一个更加和谐与包容的社会环境。

参与休闲体育活动有助于建立良好的合作关系，培养团队精神。在参与休闲体育活动的过程中，人们需要相互配合、互相支持，共同克服困难和挑战，这不仅可以建立紧密的团队关系，还能够增强团队的凝聚力和战斗力。这种团队精神不仅体现在运动场上，也会延伸到人们的生活和工作中，从而促进社会的和谐发展。

参与休闲体育活动有助于促进个体的心理健康，提升幸福感。参与休闲体育活动不仅可以释放压力、缓解焦虑，还可以提升个体的自信心和自尊心。通过结识新朋友、建立良好的社交关系，人们能够获得更多的支持和鼓励，从而增强对生活的信心，提升幸福感和生活满意度。

（二）增强社交关系

参与休闲体育活动不仅是一种健康的生活方式，也是增强社交关系的有效途径。在参与休闲体育活动的过程中，人们不仅可以享受运动带来的身体愉悦感，还有机会与他人建立更加紧密的社交联系，这不仅可以加深已有的社交关系，还能够促进新的友谊关系的形成，从而为社会的健康和发展注入更多正能量。

休闲体育活动可以为人们提供一个社交场所。人们聚集在一起，共同参与各种休闲体育活动，这种共同的体验可以使人们更容易建立联系，从而促进彼此之间的了解和信任。通过共同参与休闲体育活动，人们有机会了解彼此的兴趣爱好和价值观念，从而逐渐加强社交关系的稳固性。

参与休闲体育活动为人们提供了一个放松身心、畅快交流的机会。在参与休闲体育活动的过程中，人们不仅可以释放压力、缓解焦虑，还可以享受与他人互动的乐趣。无论是一起挑战自我极限，还是在比赛中相互鼓励、互相支持，都能够促进彼此之间的情感交流，增进友谊和感情。这种积极的社交体验不仅有助于提升个体的心理健康，还可以促进社会的和谐与稳定。

参与休闲体育活动为人们提供了一个拓展社交圈的机会。在参与休闲体育活动的过程中，人们有机会结识各种各样的新朋友，扩展社交圈，建立新的人际关系，这不仅能够开阔个体的视野，还可以促进社会的交流与融合，增强社会的凝聚力和包容性。

参与休闲体育活动有助于促进家庭、朋友和同事之间的关系。通过共同参与休闲体育活动，家人、朋友和同事之间可以建立更加紧密的联系。在参与休闲体育活动的过程中，人们可以相互激励、互相支持，增进彼此之间的情感沟通和理解，从而促进家庭和谐、朋友之间的友谊，以及同事之间的团队合作。

二、促进公共空间的高效利用

（一）提高公共空间的利用率

休闲体育活动不仅丰富了人们的生活方式，也有效地提高了公共空间的利用率。公园、户外广场、健身步道等原本空闲的场所，如今因为休闲体育活动的兴起而变得热闹起来，成为人们享受健康生活的重要场所。休闲体育活动的兴起不仅使得公共空间得到了更加充分的利用，还提升了社会的整体健康水平和幸福感。

休闲体育活动为公共空间注入了新的活力和生机。原本可能已经被人们忽视或者冷落的公共空间，因为休闲体育活动的兴起而焕发了新的生命力。例如，一座公园可能因为定期举办晨练、瑜伽、慢跑等活动而吸引了大量的参与者，使得原本安静的环境变得热闹起来，这不仅丰富了公共空间的使用功能，还增加了人们对于公共空间的认知和利用，提高了公共空间的价值和吸引力。

休闲体育活动为人们提供了一个健康的生活方式，并促进了社会整体健康水平的提升。在公共空间举办休闲体育活动，如晨练、瑜伽、慢跑等，可以吸引大量的参与者前来锻炼身体，享受户外运动的乐趣，这不仅可以促进身体的健康，增强体质，还有助于缓解压力、减轻焦虑，提升心理健康水平。通过养成健康的生活方式，人们能够更加积极地投入工作和生活之中，提高工作效率和生活质量，从而促进社会整体健康水平的提升。

休闲体育活动有助于促进社会的交流与融合。在公共空间举办休闲体育活动，可以吸引不同年龄段、不同背景的人们前来参与，从而形成一个多元化、包容性的社交圈。在这个社交圈里，人们可以相互交流，分享运动的乐趣，增进彼此之间的了解和友谊。通过这种积极的社交体验，人们不仅可以拓展社交圈，还可以促进社会的交流与融合，增强社会的凝聚力和稳定性。

休闲体育活动的兴起为公共空间带来了经济效益和社会效益。通过举办休闲体育活动，公共空间的利用率得到了显著提高，吸引了更多的人前来参与。这不仅为公共空间所在地带来了商机，增加了公共空间周边商家的客流量，还为城市的旅游业发展提供了新的动力。

（二）改善城市居民的生活质量

通过在公共空间举办休闲体育活动，城市居民的生活质量得到了显著改善。公园、户外广场、健身步道等公共空间成为城市居民放松身心、锻炼身体的重要场所，这不仅有利于身体健康，还能够缓解城市生活压力，提升人们的生活幸福感，进而为整个社会的健康发展做出积极贡献。

通过在公共空间举办休闲体育活动，可以为城市居民提供更多的户外活动机会。城市生活节奏快、压力大，参与休闲体育活动可以为城市居民提供一种放松身心的方式。在户外的公共空间中，人们可以呼吸清新的空气，感受自然的气息，远离城市的喧嚣与繁忙。这种与自然亲近的体验不仅有助于释放压力、缓解焦虑，还能够改善心情，增强幸福感。

参与休闲体育活动有助于改善城市居民的身体健康。在现代城市生活中，久坐、高强度的工作等因素使得许多人的身体健康状况逐渐恶化。通过参与休闲体育活动，城市居民可以定期进行锻炼，增强体质，预防慢性疾病的发生。例如，慢跑、骑行、瑜伽等休闲体育活动被证明在心血管健康、肌肉骨骼健康、心理健康等方面有着积极的影响。因此，通过在公共空间举办休闲体育活动，城市居民的身体健康水平可以得到提升，生活质量可以得到有效改善。

休闲体育活动有助于促进社会的交流与融合。在公共空间参与休闲体育活动的人们往往有着不同的社会背景、年龄和职业，这些多元化的参与群体为城市社会注入了新的活力。人们在参与休闲体育活动的过程中可以相互交流，分享运动的乐趣，增进彼此之间的了解和友谊。这种积极的社交体验有助于打破社交隔阂，促进社会的交流与融合，增强社会的凝聚力和稳定性。

通过在公共空间举办休闲体育活动，城市居民的生活方式也得到了积极转变。传统的娱乐方式，如电视、手机、电脑等，使人们长期沉迷于虚拟世界，导致身心健康水平下降。而参与休闲体育活动则为人们提供了一种积极、健康的生活方式。在进行户外运动的过程中，人们可以放松心情、锻炼身体，体验身心的愉悦和满足。这种健康的生活方式不仅有利于个体的身心健康，还有助于提升整个城市的生活品质和幸福感。

（三）促进社区的发展和繁荣

通过举办各种休闲体育活动，如公园健身操、户外瑜伽等，可以吸引更多的人聚集在一起，从而增强社区的凝聚力，为社区的发展注入新的活力，这不仅促进了社区居民之间的交流与互动，还有助于提升社区的形象和吸引力，推动社区的经济、文化和社会发展。

在公共空间举办休闲体育活动有助于增强社区的凝聚力和活力。通过在公共空间举办休闲体育活动，社区居民可以相聚在一起共同参与运动和健身活动，增进彼此之间的了解和友谊。无论是一起晨练、健身、瑜伽，还是参加团体活动，都能够促进社区居民之间的交流与互动，增强社区的凝聚力和活力，这不仅有利于建立良好的社区关系，还能够促进社区的和谐与稳定。

在公共空间举办休闲体育活动有助于提升社区的形象和吸引力。通过举办各种休闲体育活动，可以使社区成为人们享受健康生活的重要场所，这不仅能够吸引更多的人来到社区参与活动，还能够提升社区的知名度和吸引力，为社区的发展和繁荣打下良好的基础。同时，通过举办丰富多彩的休闲体育活动，还能够吸引更多的游客和投资者来到社区，从而推动社区的经济发展。

在公共空间举办休闲体育活动有助于促进社区文化的传承和发展。在公共空间举办的各种休闲体育活动不仅可以展示当地的体育文化，还可以传承和弘扬传统文化，从而丰富社区的文化内涵。这种文化传承和发展不仅有助于提升社区的文化软实力，还能够为社区的长期发展奠定坚实的文化基础。

在公共空间举办休闲体育活动有助于改善社区居民的生活质量。通过参与各种休闲体育活动，社区居民可以提升身体健康水平，缓解工作压力，增强幸福感和生活满意度，这不仅有利于个体的身心健康，还能够提升整个社区的生活质量和幸福指数，为社区的发展和繁荣注入新的活力。

（四）提升城市形象和吸引力

休闲体育活动对于提升城市形象和吸引力起到了重要作用，这与休闲体育活动对社会健康的积极影响相辅相成，共同构建了一个宜居、宜游、宜业的城市环境。

休闲体育活动丰富了城市居民的日常生活，提升了城市的整体品质和幸福感。随着人们生活水平的提高和健康意识的增强，休闲体育活动已经成为人们日常生活的重要组成部分。在城市中，公园、广场、河岸等公共空间成了人们进行户外休闲体育活动的理想场所。丰富多彩的休闲体育活动不仅为城市居民提供了健康、愉悦的生活方式，也提升了城市的活力和魅力。

休闲体育活动丰富了城市的文化底蕴和社交氛围，为城市增添了一道亮丽的风景线。在城市的公共空间，人们可以参与各种各样的休闲体育活动，这些活动不仅是体育运动，也是文化交流和社交互动的重要平台。

休闲体育活动为城市带来了经济效益和发展机遇。随着休闲体育产业的兴起和发展，越来越多的相关产业链条也得到了发展，如体育用品、运动服装、健身器材等。同时，休闲体育活动也吸引了大量的游客和投资者，带动了城市旅游业、餐饮业、住宿业等相关产业的发展，为城市经济增长和就业创造了良好条件。

（五）促进城市规划和管理

休闲体育活动对城市规划和管理的促进作用是显而易见的。通过高效利用公共空间，休闲体育活动为城市规划和管理提供了重要的参考和动力，推动了城市环境的改善，以及社会治理能力的提升。这与休闲体育活动对社会健康的积极影响相辅相成，共同构建了一个宜居、宜游、宜业的城市环境。

休闲体育活动促进了城市规划和管理的改善，使公共空间得到了更加合理和多样化的利用。随着城市化进程的加快，城市公共空间的利用面临着越来越大的挑战。通过开展各种休闲体育活动，政府部门和社会组织可以更好地了解市民的需求和偏好，为城市规划和管理提供更加科学的依据。例如，根据城市居民对晨练、休闲散步等活动的需求，政府可以合理规划和设计公园、广场、步行道等公共空间，增加休息点、健身设施等便利设施，提升居民的生活品质。

休闲体育活动促使政府部门和社会组织更加重视公共空间的建设和管理。休闲体育活动不仅是城市居民健康生活方式的一部分，也是城市文化和社交互动的重要载体。因此，政府部门和社会组织开始更加注重公共空间的建设和管理，通过改善公共设施、增加绿化覆盖范围、提升安全保障等措施，优化了城市环境，提升了居民的生活品质。例如，在公园、广场等公共空间增设健身器材、休息亭、卫生间等设施，加强绿化和景观美化，提高居民的休闲体验和生活舒适度。

休闲体育活动促进了城市规划和管理的创新和进步。随着休闲体育活动的多样化和个性化需求的增加，城市规划和管理也需要不断创新和完善，以适应居民的多样化需求和城市发展的新要求。政府部门和社会组织积极推动城市规划和管理的创新，提出了更加灵活、包容、可持续的规划理念和管理模式，为城市的可持续发展和社会治理提供了新思路和新路径。

三、培养社会责任感

（一）关注个体健康与社会责任的关联

通过参与休闲体育活动，人们逐渐意识到个体健康与社会责任之间的密切关系。这种认识的形成源于休闲体育活动对社会健康的积极影响，而这种影响又加深了人们对社会健康的关注和社会责任感。

休闲体育活动对个体健康产生积极影响的同时，还加深了人们对社会健康的关注和社会责任感。休闲体育活动不仅能够促进个体的身体健康，增强体质，还可以改善心理健康，减轻压力，提升幸福感。通过参与休闲体育活动，个体可以增强免疫力，预防慢性疾病，延长寿命，并且人们逐渐意识到保持个体健康不仅是对自己负责任，也是对家庭、社区和整个社会负责任，因为只有健康的个体才能为社会做出更大的贡献。休闲体育活动促进了社会健康的全面提升，进一步强化了人们对社会健康的关注和社会责任感。

休闲体育活动不仅可以减少慢性疾病的发病率，降低医疗支出，还可以促进社会和谐与稳定。通过参与休闲体育活动，人们形成了健康的生活方式和积极的社交网络，增强了社会凝聚力和归属感。

休闲体育活动有助于提升人们的生活质量，促进经济发展，改善环境质量，这些积极影响进一步加深了人们对社会健康的关注和社会责任感。

（二）参与社会公益活动

参与休闲体育活动的个体往往具有更强的社会责任感，他们不仅关注个体健康，也积极参与各种社会公益活动，为社会的健康和发展做出贡献。人们积极参与社会公益活动的行为源于休闲体育活动对社会健康的积极影响，同时进一步强化了个体的社会责任感，从而形成了一种良性循环。

休闲体育活动对个体健康产生了积极影响，从而激发了个体参与社会公益活动的意愿和能力。通过参与休闲体育活动，个体不仅可以增强身体素质，提高免疫力，还能够改善心理健康，减轻压力，提升幸福感。这种健康状态使他们更有能力和动力去参与社会公益活动，为社会的健康和发展做出更多贡献。

参与休闲体育活动本身就是一种具备社会责任感的表现。参与休闲体育活动的个体通常在注重个体健康的同时也注重团队合作、互助友爱的精神，他们在活动中培养了团队合作的意识和社会责任感，乐于与他人分享快乐、共同进步。这种团队合作和社会责任感在他们参与社会公益活动时得到了进一步的发挥和强化，使他们更加积极地参与社会公益活动，为社会的和谐与进步贡献自己的力量。

休闲体育活动也是传递积极向上社会价值观的重要途径。通过参与休闲体育活动，个体不仅能够培养出健康的生活方式和积极的人生态度，还能够感受到团队合作、互助友爱的力量，树立积极向上的社会价值观。这种社会价值观在个体参与社会公益活动时得到了更为深刻的体现，使人们更加愿意为社会的健康和发展做出贡献。

（三）关注社会问题和挑战

参与休闲体育活动的人们往往更容易关注社会上的各种问题和挑战，这源于休闲体育活动对个体健康和社会健康的积极影响。这种关注不仅体现了个体的社会责任感，也为构建健康、和谐的社会环境贡献了力量。

休闲体育活动促进了个体健康，从而使参与者更加关注社会上存在的各种健康问题。通过参与休闲体育活动，个体不仅能够增强身体素质，提高免疫力，还能够改善心理健康，减轻压力，提升幸福感。这种健康状态使他们更加关注社会上存在的健康问题，他们意识到健康不仅是个体的权利，也是社会的责任，因此他们会积极行动起来呼吁社会各界关注并解决这些健康问题。

休闲体育活动培养了个体的团队合作精神和社会责任感，使他们更愿意为解决社会问题和挑战贡献自己的一份力量。参与休闲体育活动的个体通常注重互助和友爱的精神，并且在休闲体育活动中培养了团队合作意识和社会责任感。这种团队合作意识和社会责任感在面对社会问题和挑战时得到了充分的发挥，使他们更加愿意主动出击，积极加入解决问题的行动中。

休闲体育活动是传递积极向上社会价值观的重要途径，使人们更加关注社会问题和挑战，并通过自己的行动和声音呼吁社会的关注。通过参与休闲体育活动，个体不仅能够培养健康的生活方式和积极的人生态度，还能够感受到团队合作、互助友爱的力量，树立积极向上的社会价值观。这种社会价值观在面对社会问题和挑战时得到了更为深刻的体现，使人们更加愿意为社会的健康和发展做出贡献。

第二节　社会健康对休闲体育的需求

一、生活节奏的变化

（一）需求增加的原因

社会生活节奏的加快是导致人们需求增加的主要原因之一。随着现代社会的快节奏发展，人们面临着越来越多的工作压力、生活压力和心理压力，这时人们需要一种方式来释放这些紧张情绪，寻求身心的平衡与放松。

在现代社会中，人们面临着工作、家庭、社交等多方面的责任，这些责任的累积使得人们的生活变得繁忙而紧张。在工作岗位上，人们需要面对不断变化的工作内容和工作压力，承担一定的工作责任；在家庭生活中，人们需要承担照顾家庭成员、教育子女的责任；在社交活动、社区义工等方面，人们也需要承担各种不容推卸的责任。在这些责任的重压之下，人们渴望寻找一种方式来释放压力、放松身心，以维持健康的生活状态。此时，休闲体育活动成了许多人的首选。休闲体育活动不仅是一种健康的生活方式，也是一种有效的压力释放和心理调节方式。通过参与休闲体育活动，人们可以释放紧张的情绪，放松身心，缓解工作和生活带来的压力。在参与休闲体育活动的过程中，人们可以享受到身体活动带来的愉悦感和满足感，获得身心和谐的体验。无论是跑步、骑行、游泳，还是瑜伽、太极、登山等活动，都可以帮助人们摆脱工作和生活的束缚，重新找回内心的平静与愉悦。

（二）提高生活质量的重要手段

休闲体育活动在提高生活质量方面发挥着至关重要的作用。通过参与休闲体育活动，人们不仅可以改善身体健康状况，增强体魄，还可以培养积极向上的生活态度，从而更好地应对各种挑战和困难，享受更加充实和丰富多彩的生活。

休闲体育活动有助于改善身体健康状况，提高生活质量。身体健康是人们追求幸福生活的重要基础，而参与休闲体育活动是保持身体健康的有效途径之一。通过定期参与休闲体育活动，人们可以增强心肺功能、提高代谢水平、强化肌肉骨骼系统，从而降低患病风险，延长寿命，提高生活质量。健康的身体不仅可以让人们更加精力充沛、活力四射，还能够带来更多的生活乐趣和幸福感。

休闲体育活动有助于缓解压力，提升心理健康水平，进而提高生活质量。在现代社会中，人们常常面临着各种工作压力、生活压力和心理压力，而休闲体育活动是一种有效的压力释放和心理调节方式。通过参与休闲体育活动，人们可以释放紧张情绪，放松身心，缓解压力，提升心理健康水平。这种身心的平衡和舒适感使人们更加乐观积极、心态平和，更能够应对各种挑战和困难，享受更加充实和丰富多彩的生活。

休闲体育活动有助于培养积极向上的生活态度，提高生活质量。参与休闲体育活动需要付出持续的努力和坚持，这个过程不仅能够锻炼个体的意志力和毅力，还能够培养积极向上、乐观进取的生活态度。在参与休闲体育活动的过程中，人们可以不断挑战自我、超越自我、克服困难、取得成就，这种积极向上的经历和体验将激发人们对生活的热情和信心，从而提高生活质量。

二、老龄化社会的兴起

（一）健康老龄化的追求

随着人口结构的老龄化趋势日益显现，社会对健康老龄化的追求也逐渐成为一种共识。老年人希望能够保持身心健康、延缓衰老过程，享受幸福、充实的晚年生活。在这样的社会背景下，对适合老年人参与的休闲体育活动的需求也随之增加。

休闲体育活动有助于老年人建立社交网络，增强归属感。老年人往往面临着子女独立、退休后社交减少等问题，容易产生孤独感和社交孤立感。参与休闲体育活动可以让老年人结识志同道合的朋友，建立良好的社交网络。在参与休闲体育活动的过程中，老年人可以相互鼓励、互相帮助，增强归属感，减轻孤独感和抑郁情绪，从而提升生活质量和幸福感。

休闲体育活动有助于老年人保持积极向上的心态，拥有充实的晚年生活。通过参与休闲体育活动，老年人可以不断挑战自我、超越自我、克服困难、取得成就，增强自信心和自尊心，这可以激发老年人对生活的热情和信心，使他们更加乐观积极、心态平和，享受更加丰富、充实的晚年生活。

（二）促进老年人健康

休闲体育活动对老年人的身心健康具有重要的促进作用，是实现健康老龄化的重要途径之一。通过参与适当的休闲体育活动，老年人不仅可以增强身体素质、提高免疫力，延缓老年疾病的发生和发展，还可以提高生活质量，提升幸福感。因此，鼓励老年人参与休闲体育活动，满足他们的身心健康需求，对社会健康具有重要意义。

休闲体育活动有助于提升老年人的身体素质和健康水平。随着年龄的增长，老年人的身体机能逐渐下降，容易出现慢性疾病和健康问题。参与适当的休闲体育活动可以促进老年人的血液循环、增强心肺功能、提高代谢水平，有助于预防和延缓老年常见疾病的发生，如高血压、糖尿病、骨质疏松等。通过定期参与休闲体育活动，老年人可以保持身体健康、延缓衰老进程，提高生活质量。

休闲体育活动有助于改善老年人的心理健康和情绪状态。老年人常常面临着孤独、抑郁等心理问题，而休闲体育活动可以成为他们释放情绪、缓解压力的有效途径。参与休闲体育活动可以促进老年人大脑释放“快乐激素”，增强心情愉悦感，减轻抑郁情绪。

（三）提升社会的整体健康水平

鼓励老年人参与休闲体育活动不仅有助于个体健康，对提升社会的整体健康水平也具有重要作用。老年人保持健康、积极的生活状态可以减少对医疗资源的需求，有助于社会资源的合理分配和利用，从而提升社会的整体健康水平。

老年人参与休闲体育活动有助于预防和控制慢性疾病的发生。随着年龄的增长，老年人容易出现高血压、糖尿病、心血管疾病等慢性疾病，而适度的休闲体育活动可以有效预防和控制这些疾病的发生。通过参与休闲体育活动，老年人可以增强心肺功能、改善血液循环、控制体重，从而降低患慢性疾病的风险。预防和控制慢性疾病的发生不仅有助于老年人的健康，也减少了对医疗资源的需求，有利于社会资源的合理分配和利用。

老年人参与休闲体育活动有助于提升心理健康水平，减少心理健康问题的发生。老年人常常面临着孤独、抑郁等心理问题，而休闲体育活动可以成为他们释放情绪、缓解压力的有效途径。参与休闲体育活动可以促进大脑释放“快乐激素”，增强心情愉悦感，减轻抑郁情绪。参与休闲体育活动还可以增强老年人的自信心和自尊心，培养积极乐观的生活态度，有助于老年人建立积极向上的心态，减少心理健康问题的发生，这不仅有助于老年人提升生活幸福感和生活质量，还可以减轻社会的心理健康负担，有利于社会整体健康水平的提升。

老年人参与休闲体育活动有助于增强社会融入和互动，可以让老年人感受到社会支持和归属感。老年人常常面临着社交减少、孤独感增加等问题，而休闲体育活动可以为他们提供一个与他人交流、分享快乐的机会。通过参与休闲体育活动，老年人可以结识新朋友、拓展社交圈，增强社会支持和归属感。在参与休闲体育活动的过程中，老年人可以相互鼓励、互相帮助，建立良好的友谊和合作关系，减轻孤独感和社交孤立感，有利于老年人的心理健康和社会融入，这不仅有助于老年人提升生活幸福感和生活质量，也有利于社会的稳定与和谐，从而提升社会的整体健康水平。

三、城市化进程的推进

（一）重视健康的生活方式

随着人们健康意识的增强，越来越多的城市居民开始重视健康的生活方式，这种转变源于对健康的重视和对自身生活质量的追求。人们逐渐意识到通过规律的锻炼和健康的饮食习惯可以提升身心健康水平，从而更好地应对城市生活带来的各种压力和挑战。

规律的锻炼成为城市居民健康生活方式的重要组成部分。在繁忙的城市生活中，人们往往忽视了对身体的锻炼，久坐、缺乏运动成为普遍现象。然而，随着人们健康意识的增强，越来越多的人意识到运动对身体健康的重要性，他们开始通过参加健身、慢跑、瑜伽等休闲体育活动来保持身体的活力和健康。规律的锻炼不仅可以增强身体素质、提高免疫力，还可以改善心理健康、减轻压力、提升幸福感。因此，规律的锻炼成为人们追求健康生活方式的重要手段。

健康的饮食习惯也成为城市居民关注的焦点之一。在快节奏的城市生活中，人们往往偏爱便利食品和高热量食物，而忽视了营养均衡和膳食多样化。然而，随着人们健康意识的增强，越来越多的人开始关注食物的营养价值和健康影响。他们逐渐摒弃了油腻、高糖、高盐的食物，转而选择新鲜、天然、健康的食材，注重膳食均衡、控制食量。健康的饮食习惯不仅有助于维持健康体重，预防肥胖和慢性疾病，还可以提高身体的抵抗力、延缓衰老进程，对身心健康具有重要的促进作用。

（二）提升社会健康需求

随着城市化进程的推进，人们对社会健康的需求日益增长。城市居民开始关注社会环境的改善、公共健康政策的制定和实施等方面的问题，希望能够生活在一个健康、和谐的社会环境中。这种对社会健康的需求不仅影响着城市居民的生活方式和行为，也直接促进了对休闲体育等健康促进活动的需求的增加。

城市居民对社会环境的关注推动了对健康促进活动的需求的增长。随着城市化进程的推进，城市居民面临着日益严重的环境污染、噪声扰民等问题，这直接威胁着人们的身体健康和心理健康。因此，城市居民开始寻找可以改善社会环境、提升居住质量的方式，休闲体育活动便成了其中的一个重要选择。通过参与休闲体育活动，人们可以选择远离城市喧嚣、呼吸新鲜空气的方式来放松身心，缓解社会环境带来的压力，提高生活质量。

城市居民对公共健康政策的关注推动了对健康促进活动的需求的增长。随着城市人口数量的增长和老龄化趋势的加剧，公共健康政策的制定和实施变得尤为重要。城市居民希望政府能够加大对公共卫生设施的建设和管理力度，提供更多、更好的健康服务，保障居民的健康权益。因此，人们开始通过参与休闲体育活动等方式来表达对公共健康政策的关注和支持。通过参与休闲体育活动，人们不仅可以提升自身的健康水平，还可以借机呼吁政府加大对健康促进活动的支持和投入，从而共同营造一个健康、和谐的社会环境。

四、医疗资源的合理利用

（一）休闲体育活动的预防作用

休闲体育活动在预防慢性疾病和促进社会整体健康方面发挥着重要作用，而社会对此的需求也在不断增长。从身体健康、心理健康到社会健康，休闲体育活动都有着积极的影响。

休闲体育活动对身体健康的预防作用是显而易见的。现代生活方式的变化导致越来越多的人久坐、缺乏运动，这提高了患慢性疾病的风险，如肥胖、心血管疾病和糖尿病等。通过参与休闲体育活动，人们可以消耗多余能量，促进新陈代谢，从而减轻患慢性疾病的风险。参与休闲体育活动可以增强个体的免疫力，相关研究表明，适度的运动可以提高免疫系统功能，增强抵抗疾病的能力。定期参与休闲体育活动有助于降低感染疾病的概率，并且可以缩短疾病的持续时间，提高康复速度。

休闲体育活动对心理健康有着积极的影响。现代社会的高压生活方式容易导致出现焦虑、抑郁等心理健康问题，通过参与休闲体育活动，人们可以缓解压力、舒缓情绪，增强幸福感和满足感。运动时释放出的内啡肽等化学物质有助于改善心情和睡眠质量，使人们可以更加乐观积极地面对生活。

要想使休闲体育活动在促进社会健康方面发挥更大的作用，需要社会的大力支持和鼓励。政府可以通过制定相关政策，提供运动场地和设施，并鼓励学校、企业等单位开展休闲体育活动。同时，媒体也可以发挥宣传和引导作用，鼓励人们积极参与休闲体育活动，培养健康的生活方式。

（二）减轻医疗负担的重要手段

减轻医疗负担是当今社会面临的一个重要挑战，而预防慢性疾病则是应对这一重要挑战的关键手段之一。

休闲体育活动作为预防慢性疾病的有效手段之一，可以帮助人们保持健康的生活方式。随着现代生活节奏的加快和生活压力的增加，许多人运动量不足、饮食不合理，导致了高血压、糖尿病等慢性疾病的高发。而通过参与休闲体育活动，人们可以消耗多余能量，促进新陈代谢，控制体重，改善心血管功能，降低患病风险。

休闲体育活动可以降低慢性疾病的患病率，从而减轻医疗系统的压力。随着人口老龄化趋势的加剧，慢性疾病的治疗和护理成本不断增加，医疗资源的紧张局势愈发严峻。而通过提倡参与休闲体育活动，可以有效地降低慢性疾病的患病率，减轻医疗系统的负担，促进医疗资源的合理利用。

休闲体育活动可以促进健康教育的开展。通过组织各种形式的休闲体育活动和健康讲座，可以向公众普及健康知识，提高健康意识，引导人们培养健康的生活方式，这不仅有助于预防慢性疾病的发生，还可以培养健康的生活习惯，减少医疗支出。

要想使休闲体育活动在减轻医疗负担方面发挥更大的作用，需要社会的全面支持和参与。政府应当加大对休闲体育活动的投入和支持，鼓励各级医疗机构与体育机构开展合作，推动健康教育的深入开展。同时，社会各界也应当共同努力，营造良好的运动氛围，推动全民健身事业的健康发展。

第三节 社会健康与休闲体育的互动关系

一、社会发展推动了休闲体育活动的开展

（一）带动相关产业的繁荣

休闲体育活动的兴起不仅仅是人们身体健康和精神放松的体现，更是推动相关产业繁荣的重要因素。这种繁荣不仅仅限于体育用品、健身器材、运动服装等行业，还深刻影响了社会健康和休闲体育之间的互动关系。在这个过程中，休闲体育活动既是一种社会现象，又是经济增长的催化剂，其与社会健康的互动关系愈发显著。

休闲体育活动的兴起直接促进了体育用品、健身器材、运动服装等行业的繁荣。随着人们对健康生活的关注日益加强，对休闲体育活动的需求也在不断增长。这促使体育用品制造商和零售商不断拓展产品线，提高产品质量和技术含量，以满足日益增长的市场需求。从运动鞋到健身器材，从户外装备到运动服饰，各种相关产品的销量和市场份额都在不断增加，为产业链的发展注入了源源不断的活力。

休闲体育活动的普及刺激了相关产业的创新和升级。为了满足不同人群的需求，体育用品、健身器材、运动服装等行业纷纷推出了更加个性化、功能更强大的产品。例如，针对户外爱好者的防水、透气、耐磨等性能要求，户外装备厂商不断研发新材料、新工艺，推出更轻便、更耐用的产品；针对健身爱好者的需求，健身器材制造商推出了更智能且功能更齐全的健身设备，以提升用户体验。这种不断创新的竞争动态，不仅推动了相关产业的发展，也为消费者提供了更多的选择，满足了他们多样化的需求。

休闲体育活动有助于促进社交互动，增强人际关系，缓解社会压力，提升社会的整体健康水平，而社会整体健康水平的提升也为开展休闲体育活动提供了更加有利的环境。政府和社会各界对健康教育和体育发展的重视程度日益增强，加大了对休闲体育设施建设和体育项目推广的投入。公园、运动场馆、健身中心等场所的建设不断完善，各种形式的体育赛事和活动也得到了更多的支持和关注，这为人们提供了更多参与休闲体育活动的机会，从而进一步推动了相关产业的繁荣发展。

（二）推动运动旅游的兴起

休闲体育活动的兴起不仅体现在城市社区和体育场馆中，也深刻地影响了旅游业的发展。人们越来越倾向于将休闲体育与旅游相结合，前往风景秀丽的地方参与户外运动、体验冒险活动，这推动了运动旅游业的蓬勃发展，不仅为当地旅游业带来了经济繁荣，也为社会经济注入了新的活力。

休闲体育活动促进了运动旅游业的兴起。随着人们生活水平的提高和健康意识的增强，越来越多的人开始将旅游与体育运动结合起来，追求身心健康的全面发展。他们愿意在度假或旅游的同时参与各种户外运动，如徒步旅行、山地骑行、滑雪、冲浪等，享受自然风光和运动相结合带来的快乐和满足。这种新型的旅游方式吸引了大量游客，推动了运动旅游业的快速发展。

运动旅游的兴起为当地旅游业带来了巨大的经济效益。传统的旅游目的地往往是以历史文化为主，但随着人们对健康生活的追求和对自然环境的向往，具有丰富自然资源和良好运动条件的地区成了新的热门旅游目的地。这些地区通过开发运动旅游项目，提供相关设施和服务，吸引了大量的游客前来体验。例如，在山区开发滑雪、登山、徒步等项目；在海边开发冲浪、潜水、帆船等项目。这不仅为当地旅游业注入了新的活力，也为当地居民提供了就业机会，促进了地方经济的繁荣。

二、社会环境与政策加快了休闲体育活动的普及

（一）政策支持的增强

随着社会整体健康水平的提高，政府和社会组织逐渐意识到休闲体育活动对促进社会整体健康水平的重要性。因此，政府和社会组织采取了一系列的政策和规划措施，以鼓励和支持休闲体育活动的开展，从而进一步推动社会整体健康水平的提升。这些政策和规划涉及增加运动场地和设施的建设、提供补贴或奖励措施、加强体育教育和宣传等多个方面。这些政策和规划的制定与实施将在促进社会整体健康和开展休闲体育活动之间形成积极的互动关系，从而为社会的全面进步和可持续发展注入新的动力。

政府和社会组织加大对运动场地和设施的建设投入。随着人们越来越追求健康的生活方式，对休闲体育活动场地的需求也在不断增长。政府可以通过增加体育场馆、公园、健身房等运动场所的建设，提供更多、更便利的运动场地，满足人们日益增长的对休闲体育活动场地的需求。同时，政府还可以加大对运动场地设施的改造和升级力度，提高设施的质量和便利性，进一步激发人们参与休闲体育活动的积极性。

政府和社会组织可以采取补贴或奖励措施，鼓励个体和组织开展休闲体育活动。通过向体育组织、学校、社区等提供资金补助或奖励，鼓励它们组织丰富多样的休闲体育活动，扩大活动覆盖面，增加参与人数。同时，政府还可以通过减免税收、提供场地租金优惠等方式，激励企业和社会组织积极开展休闲体育活动，共同推动社会整体健康水平的提升。

政府和社会组织可以加强体育教育和宣传工作，提高人们对休闲体育活动的认识和参与意识。通过在学校、社区、媒体等平台开展体育教育和宣传活动，向公众普及健康运动知识、介绍体育活动的好处和方法，引导人们树立正确的健康观念，培养健康的生活方式。同时，政府还可以借助互联网和移动应用等新媒体手段，推广健康运动的理念和方法，

提供健康运动指导和服务，为人们提供更便捷、更有效的参与休闲体育活动的途径。

（二）社会文化的转变

参与休闲体育活动不仅是人们娱乐放松的一种方式，还能够引领社会文化的转变。随着人们对健康生活方式的不断追求，运动文化正逐渐在社会中得到更多的重视和认可，这不仅可以在个体层面带来积极影响，还能够在社会层面推动积极健康生活方式的养成，从而促进社会的全面发展和进步。政府和社会组织在这一过程中扮演着重要角色，通过各种政策、活动和宣传，可以推动积极健康生活方式的普及，促进社会健康与休闲体育的积极互动。

休闲体育活动的开展正推动着人们生活方式的转变。随着人们健康意识的不断增强，越来越多的人开始意识到健康才是最大的财富，开始关注自己的身体健康和心理健康。休闲体育活动作为一种积极健康的生活方式，逐渐被人们所接受和采纳，成为人们日常生活中的一部分。通过参与各种休闲体育活动，人们不仅能够锻炼身体、增强体质，还能够释放压力、调节情绪、提高生活质量。这种积极的生活方式转变不仅对个体健康有益，也对整个社会文化产生了深远的影响。

政府和社会组织也是社会文化转变的重要推动力量。政府在制定相关政策和规划时，越来越重视健康产业和休闲体育的发展，并将其作为国家发展战略的重要部分。政府通过加大对休闲体育设施的建设投入、推出相关补贴和奖励政策、加强对健康生活方式的宣传和教育等方式，鼓励和引导人们积极参与休闲体育活动，推动社会文化进一步向积极健康的方向转变。同时，社会组织，如体育协会、健身俱乐部、运动社团等也在推动着健康运动文化的普及和传播，通过举办各类运动赛事、活动和培训，鼓励人们参与到休闲体育活动之中，从而推动社会文化向着更加积极健康的方向发展。

三、休闲体育活动促进了社会健康水平的提升

（一）个体健康水平的提升

通过参与各种休闲体育活动，个体不仅能够增强体质、锻炼心肺功能、提高免疫力，还能够缓解压力、焦虑等负面情绪。这些积极的身体和心理变化有助于个体保持健康，降低患慢性疾病的风险，提高生活质量。

休闲体育活动有助于个体身体健康水平的提升。参与休闲体育活动，如慢跑、游泳、篮球、羽毛球等，能够有效地锻炼身体各个部位的肌肉，增强体质。持续的有氧运动可以锻炼心肺功能，增加心肺耐力，降低心血管疾病的发病风险。此外，休闲体育活动还有助于维持健康的体重和代谢水平，预防肥胖和代谢性疾病的发生。通过定期参与休闲体育活动，个体的身体素质可以得到全面的提升，有助于保持身体健康。

休闲体育活动对个体的心理健康也具有重要作用。现代社会生活节奏快、工作压力大，人们往往面临各种负面情绪，如焦虑、压力、抑郁等。通过参与休闲体育活动，个体可以释放紧张情绪，缓解压力，增强心理抗压能力。参与休闲体育活动能够促进内啡肽等神经递质的释放，产生愉悦感和幸福感，改善个体的心情和情绪状态。参与休闲体育活动也是一种社交互动的方式，可以增强个体的社交能力和人际关系，减轻孤独感和抑郁情绪，使得个体的心理健康状况得到有效改善，提高生活质量。

个体健康水平的提升不仅对个体具有重要意义，也对整个社会的健康发展和进步起到了积极的推动作用。个体健康水平的提升可以降低医疗成本和社会保障负担，降低慢性疾病的患病率，提高工作效率，从而推动社会经济的持续发展。此外，个体的身心健康还有助于维护社会稳定与和谐，降低犯罪率，减少社会不良行为的发生，促进社会的全面进步。

（二）提高生产力和社会经济发展

通过参与休闲体育活动，个体能够保持身体健康，提高工作效率，为社会经济的发展做出积极贡献。身体健康的员工更有可能保持稳定的工作状态，减少因疾病而导致的工作缺勤，进而促进社会经济的稳定增长。

个体的健康水平对工作效率和工作能力有着直接的影响。身体健康的个体更容易具有较高的工作效率和工作能力，他们能够更好地应对工作中的各种挑战和压力，保持更长时间的专注和高效的工作状态。相比之下，健康状况较差的个体往往容易受到疾病、疲劳等因素的影响，工作效率和工作能力会明显下降。通过参与休闲体育活动，个体能够增强体质、锻炼心肺功能、提高免疫力，有效预防和减少慢性疾病的发生，保持良好的身体健康状态，进而提高工作效率和工作能力。

休闲体育活动的开展不仅有助于个体身心健康水平的提升，也为整个社会的经济发展提供了大力支持。通过政府和社会组织的共同努力，促进了休闲体育活动的普及和推广，有效提升了个体的身心健康水平，减少了因疾病导致的工作缺勤，提高了员工的工作效率和工作能力，进而推动了社会经济的稳定增长。

第四节　促进社会健康的主要方式

一、普及健康生活方式

（一）树立榜样和引导作用

在参与休闲体育活动的过程中，健康积极的参与者往往可以成为社会的榜样和引导者。他们通过自身的行动展示了健康生活方式的重要性，并鼓励他人积极体验健康生活。这种积极影响能够激发更多人的参与休闲体育活动，推动健康生活方式的普及。促进社会健康的休闲体育活动不仅对个体健康有益，也有助于社会的全面进步和发展。

健康积极的参与者在休闲体育活动中扮演着榜样的角色，他们通过自己的行动诠释了健康生活方式的真谛，展示了积极向上的生活态度和健康的生活习惯。他们可能是一个每天坚持晨跑的跑步爱好者，也可能是一个热衷于健身的健身达人，又或者是一个热爱户外运动的登山爱好者。无论是什么形式的休闲体育活动，他们都可以用自己的实际行动影响周围的人，成为健康生活方式的典范和引领者。

健康积极的参与者在社会中具有重要的引导作用，他们不仅通过自身的行动示范了健康生活的重要性，还积极地向他人传播健康生活的理念和方法，鼓励他人体验健康生活。健康积极的参与者可以组织健康生活讲座、体育活动等，向社区居民宣传健康知识，提供健康咨询和指导，促进大家养成健康的生活方式。他们还能够利用社交媒体平台分享自己的健康生活经验，激励更多的人体验健康生活，从而推动社会健康意识的提升。

（二）促进健康社交圈的形成

休闲体育活动的开展可以促进健康社交圈的形成，人们在这个社交圈里可以相互交流、分享健康生活的经验和心得，这不仅可以增强了个体的健康意识，也为健康生活方式的普及提供了一个良好的社会支持网络。促进社会健康的休闲体育活动不仅有助于个体身心健康水平的提升，也为整个社会的健康发展做出了积极贡献。

休闲体育活动为人们提供了一个共同的参与平台，促进了健康社交圈的形成。在参与休闲体育活动的过程中，人们会找到共同的兴趣和目标，形成紧密的社交关系。在这个健康社交圈里，人们不仅可以结识到志同道合的伙伴，还可以互相激励、相互支持，在运动中建立深厚的友谊和亲密的社交关系。

健康社交圈的形成增强了个体的健康意识。在健康社交圈里，人们不仅可以分享自己的健康生活经验和心得，还可以从他人身上获得启发和鼓励。通过听取他人的健康故事、了解他人的健康生活方式，个体能够更加深刻地认识到健康生活的重要性，从而增强自己保持健康生活的信心和决心。

健康社交圈的形成激发了个体培养健康生活方式的积极性，推动了健康生活方式的普及和推广。健康社交圈的形成为健康生活方式的普及提供了一个良好的社会支持网络，在健康社交圈里，人们不仅可以得到来自朋友、伙伴的支持和鼓励，还可以获得专业教练、健康专家的指导和建议，这不仅有助于个体更好地坚持健康生活方式，还可以给那些刚开始追求健康生活的人们提供帮助和支持，从而促进健康生活方式的全面普及。

二、开展健康教育

（一）举办健康讲座和康体体验课程

休闲体育活动的开展为举办健康讲座和康体体验课程提供了一个理想的平台。在开展休闲体育活动时，健康专家可以向参与者讲解健康知识，包括如何保持健康的生活方式、合理的饮食习惯、适当的运动方式等。同时，还可以组织康体体验课程，让参与者亲身体验各种健康活动，增强他们对健康生活的认识和理解，这不仅有助于提升个体的健康水平，也为促进社会健康提供了有益支持。

健康讲座为参与者提供了一个获取健康知识的机会。通过邀请健康专家、医生、营养师等专业人士举办健康讲座，可以向参与者介绍健康的生活方式、饮食营养知识、常见疾病的预防和治疗方法等。参与者可以在听取专家的讲解和分享后，了解如何通过合理的饮食和良好的运动习惯来保持健康，预防疾病的发生，这不仅提升了参与者的健康意识，还可以帮助他们更好地了解自己的健康状况，提高自我保健能力。

康体体验课程为参与者提供了一个亲身体验健康活动的机会。通过参与康体体验课程，参与者可以亲身体验运动的乐趣，增强身体素质，锻炼心肺功能，缓解压力，改善睡眠质量。同时，康体体验课程还可以增强参与者之间的交流和互动，促进社交关系的建立，提升整个社区的健康水平。

通过举办健康讲座和康体体验课程，不仅可以提升个体的健康水平，还有助于促进社会健康的全面发展。举办健康讲座和康体体验课程不仅向参与者传递了健康知识，还激发了他们对健康生活的兴趣和热情，推动了健康生活方式的普及和推广，同时也为社会提供了一个共享健康资源、促进社会健康的平台，有助于建立一个更加健康、和谐的社会环境。

（二）提供健康指导和建议

开展休闲体育活动是提供健康指导和建议的重要渠道。在开展休闲体育活动时，专业健康教练可以向参与者提供个性化的健康建议，帮助他们制订适合自己的健康计划。这些指导和建议涵盖了运动方式、运动频率、饮食营养、心理健康等方面，不仅可以帮助参与者全面提升个人的健康水平，还有助于社会整体健康水平的提升。

开展休闲体育活动提供了一个与专业健康教练进行互动的机会。在开展休闲体育活动时，专业健康教练可以根据参与者的身体状况、健康目标和个体需求，提供量身定制的健康指导和建议。专业健康教练会根据参与者的运动水平和健康状况，推荐适合的运动方式和运动强度，制订合理的运动计划，同时还可以针对参与者的饮食习惯和营养需求，提供营养建议，指导他们合理搭配食物，保持均衡的饮食结构，这可以帮助参与者获得科学的健康指导，提高自身的健康水平。

（三）建立健康社区和健康支持网络

休闲体育活动不仅是一种健康的生活方式，也是促进健康社区和健康支持网络建立的有效途径。通过参与休闲体育活动，人们能够结识志同道合的伙伴，分享健康生活的经验和心得，形成相互支持、共同进步的健康社区和健康支持网络，这有助于推动社会健康水平的提升，并为个体健康提供更多的支持和保障。

休闲体育活动提供了一个共同参与的平台，促进了健康社区的形成。在参与休闲体育活动的过程中，人们不仅可以享受运动的乐趣，还可以结识志同道合的伙伴，建立亲密关系，形成健康社区。在健康社区中，人们不仅可以相互激励、互相支持，还可以分享健康生活的经验和心得，共同探讨健康问题，形成一个共同进步、共同成长的社区氛围。

休闲体育活动促进了健康支持网络的建立。在健康支持网络中，人们不仅可以得到来自朋友、伙伴的支持和鼓励，还可以获得专业教练、健康专家的指导和建议。通过与他人进行交流和互动，个体可以获取更多的健康信息，了解不同人群的健康观念和健康实践，拓展自己的健康视野。同时，健康支持网络还可以给那些刚开始追求健康生活的人们提供帮助和支持，促进健康生活方式的普及和推广。

通过促进健康社区和健康支持网络的建立，休闲体育活动为个体健康提供了更多的支持和保障，也为社会整体健康水平的提升提供了有益支持。在健康社区和健康支持网络中，人们可以相互激励、互相支持，共同探讨健康问题，共同努力实现健康目标。政府、社会组织和健康机构应当共同努力，加强对休闲体育活动的支持和推广，为健康社区和健康支持网络的建立提供更有力的保障，共同促进社会健康水平的全面提升。

三、推广公共健康政策

政府可以通过制定相关政策，鼓励和支持休闲体育活动的开展，并提供场地设施、宣传推广等方面的支持，以促进社会健康水平的提高，这不仅有助于个体身心健康的改善，也可以为整个社会的健康发展做出积极贡献。

政府可以通过投资建设运动场地和健身设施，提供更多的休闲体育活动场所。

政府可以向社区提供资金支持，鼓励社区建设户外健身设施、公共运动场地，为居民提供更多参与休闲体育活动的选择。

政府可以制定相关政策，提供补贴或奖励措施，鼓励个体和组织开展休闲体育活动。

政府可以鼓励企业开展健康促进活动，并提供相关的税收优惠政策，以促进企业积极开展健康促进活动，关爱员工健康。

政府可以加强对休闲体育活动的宣传推广，提高公众对健康生活方式的认知和重视程度。

政府可以利用各种媒体渠道，如电视、广播、互联网等，宣传休闲体育活动的重要性，向公众传递健康知识和相关政策信息。

政府可以举办健康讲座、康体体验活动等，吸引更多人的参与，从而推动健康生活方式的普及和推广。

四、加强健康监测与评估

在推广休闲体育活动的过程中，加强健康监测与评估至关重要。通过对参与者的身体健康状况、心理健康水平等方面进行定期监测，能够及时发现问题并采取相应措施，以确保休闲体育活动对社会健康的促进效果，这不仅有助于个体的健康管理，也可以为政府和社会组织制定更有效的健康政策和方案提供重要参考。

加强健康监测与评估可以及时发现参与者的健康问题，为其提供针对性的健康指导和服务。通过定期的健康检查、体能测试等方式，可以全面了解参与者的身体状况，包括身体素质、运动能力、慢性疾病风险等。对于存在健康问题的参与者，可以及时为其提供个性化的健康管理方案，包括专业的运动建议、营养指导、心理健康咨询等，帮助其改善健康状况，提高生活质量。

健康监测与评估可以体现休闲体育活动对参与者整体健康水平的影响，为政府和社会组织提供决策参考。通过比较参与者在活动前后的健康数据变化，可以客观地评估休闲体育活动的效果，了解休闲体育活动对个体的身体健康、心理健康等方面的促进作用，这可以为政府和社会组织制定更加科学的健康政策和方案提供依据，为休闲体育活动的持续推广和发展提供支持。

健康监测与评估可以促进休闲体育活动的优化和改进。通过对参与者的反馈意见和建议进行分析，可以发现休闲体育活动中存在的问题和不足，从而及时调整和改进活动内容、组织形式等，提高休闲体育活动的吸引力和参与度，这能够不断提升休闲体育活动的质量和效果，更好地满足参与者的健康需求和期待。

主要参考文献

［1］王菊．关于休闲体育在高校体育教学中的应用探究［J］．教育教学论坛，2024（05）：29-32.

［2］李建国．休闲体育与健康中国研究［J］．体育风尚，2019（12）：215.

［3］张建滨．浅谈休闲体育与健康生活方式［J］．文体用品与科技，2021（04）：11-12.

［4］姬宁．休闲体育对健康生活方式的影响分析［J］．家庭生活指南，2018（08）：78-79.

［5］秦伟．休闲体育活动对高职学生心理健康的影响分析［J］．明日风尚，2018（16）：208.

［6］李际麟．健康中国背景下休闲体育与康养产业融合发展研究［J］．普洱学院学报，2021，37（06）：55-57.

［7］王盛国．健康中国背景下大学生休闲体育的现状及必要性分析［J］．当代体育科技，2021，11（30）：10-12.

［8］符拾熊．体育教育发展与休闲体育管理的关系探究［J］．运动，2018（17）：90-91.

［9］王中正．关于休闲、休闲体育及其在中国的发展研究［J］．体育风尚，2020（10）：181-182.

［10］向昕，李祖平．浅谈休闲体育对大学生的健康生活方式的影响［J］．文体用品与科技，2020（13）：15-16.

[11] 彭玉海. 休闲体育对居民心理健康价值探究 [J]. 当代体育科技, 2017, 7 (09): 173-174.

[12] 时守祥, 韦宇, 曲丽英. 休闲体育对人体心理健康的作用 [J]. 文体用品与科技, 2016 (06): 152+169.

[13] 何春振. 西安市莲湖区建筑环境与居民身体活动和健康水平的相关性分析 [D]. 西安: 陕西师范大学, 2019.

[14] 魏娜, 蒋力, 王雅杰. 休闲体育与身心健康之间关系的研究 [J]. 体育风尚, 2018 (05): 268.

[15] 刘伟, 袁晴. 刍议休闲体育对大学生健康生活方式的养成作用 [J]. 运动精品, 2020, 39 (02): 19-20.

[16] 孙策. 休闲体育活动对大学生心理健康的影响研究 [J]. 体育世界 (学术版), 2018 (02): 72+78.

[17] 刘名远. 高品质生活视域下休闲体育高质量发展研究 [J]. 当代体育科技, 2023, 13 (32): 195-198.

[18] 于光远, 马惠娣. 休闲·游戏·麻将 [M]. 北京: 文化艺术出版社, 2006.

[19] 陈玉忠. 论休闲体育与体育休闲 [J]. 上海体育学院学报, 2010 (01): 25-28+33.

[20] 罗歇·苏. 休闲 [M]. 姜依群, 译. 北京: 商务印书馆, 1996.

[21] 覃立. 中国高尔夫球运动发展的跨文化研究 [D]. 湖南: 湖南师范大学, 2021.

[22] 肖丽, 戴俊. 大学体育与健康教程 [M]. 南京: 南京大学出版社, 2021.

[23] 章政. 高压氧联合虾青素对橄榄球运动员运动性疲劳消除的效果及潜在机制的研究 [D]. 上海: 上海体育学院, 2023.

[24] 刘向云, 王茹. 运动伤病病理学 [M]. 北京: 人民卫生出版社, 2022.

［25］李利楠，施战伟，李媛．茶多酚对体育运动能力恢复的作用探究［J］．福建茶叶，2024，46（03）：161-163.
［26］王龙腾，周跃辉．夜间运动影响睡眠变化的特征与作用机制［J］．中国组织工程研究，2024，28（32）：5238-5242.
［27］何权瀛，陈宝元，韩芳．睡眠呼吸病学［M］．北京：人民卫生出版社，2022.